Werkstatt Neue Kultur
Kommunikation

Werkstatt Neue Kultur

Projekt- und Bildungs-Werkstatt für eine neue Kultur

Die festen Mitarbeiter:
Andreas Poggel: Mediation & Gewaltfreie Kommunikation
Christoph W. Rosenthal: Projekte – Forschung – Kunst

www.werkstatt-neue-kultur.net

Werkstatt Neue Kultur

Hg. Andreas Poggel & Christoph W. Rosenthal

Kommunikation

Zur Evolution von Sprache,
der Entstehung der
entfremdeten Kommunikation
und ihrer Überwindung

Edition Neue Kultur

Bibliografische Information der Deutschen Nationalbibliothek:
Die Deutsche Nationalbibliothek verzeichnet diese Publikation
in der Deutschen Nationalbibliografie; detaillierte bibliografische Daten sind im Internet über http://dnb.dnb.de abrufbar.

Herstellung und Verlag:

BoD – Books on Demand, Norderstedt

ISBN 9 783751 944724

Aufriss

„Es liegt in unserer Natur, einfühlsames Geben und Nehmen zu genießen. Wir haben uns jedoch viele Muster >lebensentfremdender Kommunikation< angeeignet, die dazu führen, dass wir uns selbst und andere mit unserem Sprachstil und unserem Verhalten verletzen." [1]

„Die Sprachlosigkeit der Paare, ihre Kommunikationskluft, gilt unter Psychotherapeuten als die größte Bedrohung, ja als Ursache des weltweiten Beziehungssterbens." [2]

Es ist der große Irrtum, den Gebrauch von Vokabular und Grammatik (>Reden<) schon für Kommunikation zu halten, ja sogar, darin bereits das Beherrschen von Sprache zu verstehen. Dieser Irrtum entstand in den gigantischen Naturkatastrophen am Ende der Eiszeit, als man keine Zeit mehr zum Erlernen von Kommunikation und einer wirklichen Sprachbeherrschung fand.

Von dort her sind wir von einer langen Geschichte von >Befehl und Gehorsam< bestimmt, was sich im Feudalismus und dann im Faschismus noch weiter verdichtete. Wie sehr dies noch immer nachwirkt, wird vor allem darin ersichtlich, dass man den bloßen Gebrauch von Wörtern und Grammatik schon für Kommunikation und Sprachbeherrschung hält.

Man kommt von dieser Tradition erst gar nicht auf die Idee, dass es für eine wirkliche Kommunikation und Sprachbeherrschung nach der kindlichen Adaption von Vokabular und Grammatik einer effektiven Schulung braucht.

---

[1] M. B. Rosenberg: Gewaltfreie Kommunikation, S. 42
[2] Michael Lukas Moeller: Die Wahrheit beginnt zu zweit, S. 15

Dabei hat die humanevolutionäre Entwicklung genau **für diesen Zweck** eine eigene neue Phase zwischen Geschlechtsreife und der nun erst eigentlichen Erwachsenheit eingeschoben. Denn mit der sozial notwendig gewordenen Ablösung von der genetischen Verhaltenssteuerung der Tier-Stufe kam Sprache als dem Instrument der Selbst-Steuerung nun die alles entscheidende Bedeutung zu. Mit einer wirklichen Befähigung zu Kommunikation und Selbst-Steuerung wurde ein fähiges Beziehungs- und Sozial-Leben möglich. Allein daraus erklärt sich auch erst der Erfolg der Humanevolution (s.u.) und unserer kulturalen Art Homo sapiens. Doch ohne eine hinreichende Befähigung zu Kommunikation kommt es von daher unweigerlich zu sozialen Problemen bis hin zum gesellschaftlichen Kollaps.

Der entscheidende Punkt im Verstehen von Kommunikation liegt zunächst darin, das Mehr von Kommunikation gegenüber dem bloßen Gebrauch von Vokabular und Grammatik in den Blick zu bekommen.

In Bezug auf dieses Mehr sind effektive Einsichten in der Kommunikationspsychologie entstanden. In der vorliegenden Broschüre wird dies zuerst an der humanevolutionären Entwicklung von Sprache, Kommunikation und Sozialleben erläutert, tritt dies in dem Prozess vom Tier zum Menschen – auch in den damit verbundenen Aspekten - besonders ersichtlich heraus. Im zweiten Schritt wird aufgenommen, wo und warum es in der historischen Entwicklung zu Problemen in Hinsicht auf Kommunikation und das Beherrschen von Sprache aufkam.

Neben der Humanevolution zeigen vielfältige Erfahrungen, dass ein fähiges Sozial- und Beziehungsleben eine echte menschliche Möglichkeit ist. Zuletzt sollen einige Hinweise geboten werden, wie sich dies persönlich und sozial aufnehmen lässt.

Inhaltsverzeichnis

Vorwort

Für uns von der >Werkstatt Neue Kultur< hat sich der Komplex aus Kommunikation und einer wirklichen Sprachbeherrschung als ein regelrechter Schlüssel in dem Abbau der historischen Problematiken und der Entwicklung einer Neuen Kultur herauskristallisiert.

Wohl mag >Kommunikation< hier und da als *Zauberwort* umhergehen, doch belegt dies eher, dass das Verständnis von Kommunikation in unserer Gesellschaft noch gar nicht wirklich angekommen ist. Nach der langen kommunikativen Wüste unter dem Prinzip von >Befehl und Gehorsam<, in das auch die damals unscheidbare >Ehe< eingebunden war, ist das Verständnis von Kommunikation dermaßen unterentwickelt, dass man schon den bloßen Gebrauch von Vokabular und Grammatik für Kommunikation hält.

Entsprechend bemerkt man die kommunikative Problematik nur überaus punktuell. Man sieht sie gemeinhin wie einen unglücklichen Autounfall bei einer ansonsten guten Fahrpraxis und nimmt es folglich als dummes >Schicksal<, wenn sein Beziehungs- und Sozial-Leben selbst bei großen Gefühlen und Motivationen bald nicht mehr sonderlich befriedigend ist oder auch gänzlich verfällt. Dabei wäre ganz anderes möglich. Doch dazu gilt es zu verstehen, was Kommunikation wirklich ist.

Doch besteht deswegen nicht die Notwendigkeit, ein Studium zur Kommunikationspsychologie aufzunehmen. Umfassende psychologische Kenntnisse sind nur nötig, wenn man hier in bestimmten Bereichen beruflich tätig werden will.

Für uns hat sich für unsere Zwecke die Konzeption der >Gewalt-freien Kommunikation< (GFK) als an sich überaus geeignet dargestellt. Statt einer Theorie, die man mindestens einige Monate studieren muss, hat der Psychologe M.B. Rosenberg in Fortführung der Einsichten von Carl Rogers (s.u.) in jahrelanger Praxis eine Konzeption ausgearbeitet, in der die entscheidenden Grundprinzipien, die es im Bereich Kommunikation zu beachten gilt, im Prinzip in einer Sitzung und sehr leicht aufgenommen werden können.

Allerdings hat sich hierbei eine Tücke gezeigt. Jede/r hat Bereiche, wo er die Hinweise der GFK unmittelbar gut versteht, und so verfällt man bei dem vorherrschenden Irrtum bzgl. Kommunikation leicht der Meinung, sie jetzt nun endlich mit den vier weiteren Stichwörtern zu beherrschen. Ein ähnlicher Eindruck ergibt sich für uns auch bei manchen, die GFK-Kurse anbieten.

Die GFK kann mit Gewinn in Wochenend-Seminaren und auf Abend-Treffen aufgenommen werden. Allerdings braucht es einer längeren gezielten Übung mit entsprechend Informierten, um über die >Gravitation< der sozialisierten und gesellschaftlich gängigen „Kommunikation" hinauszukommen, zu einem wirklichen Verständnis von Kommunikation zu gelangen und damit umgehen zu lernen – zumal es sozial wie auch politisch genügend Hindernisse hierbei gibt. Doch lohnt hier jeder Schritt, sozial wie auch ganz persönlich.

Es ist unsere Vision, Kontexte einer kommunikativen Kultur aufzubauen, in denen man sich als Mensch verstanden fühlen kann. Dafür möchten wir einige Beiträge bieten.

Werkstatt Neue Kultur

Andreas Poggel & Christoph Rosenthal

„Mittlerweile bin ich davon überzeugt, dass es um Sprache und Kommunikation geht. Die Antwort auf die Frage nach der Ursache von Gewalt liegt in der Art und Weise, wie wir gelernt haben zu denken, zu kommunizieren und mit Macht umzugehen." [3]

M.B. Rosenberg

Andreas Poggel: Mediation & Kommunikation

Trainerausbildung in Gewaltfreier Kommunikation, lizenzierter Mediator BM®

www.poggel-kommunikation.de

---

[3] M. B. Rosenberg & Gabriele Seils: Konflikte lösen durch GFK, S. 11

Vorwort II
von Ch. Rosenthal

Als Verfasser dieser Broschüre möchte ich herausstellen, dass diese aus der gleichwertigen Zusammenarbeit mit Andreas Poggel entstanden ist, ich aber für die Abfassung und für die Theorie bzgl. Humanevolution und Geschichte verantwortlich bin. Entsprechende Anfragen sind also an mich zu richten.

Andreas und ich haben uns insbesondere unter dem Thema Kommunikation zu der Arbeit unter dem Titel >Werkstatt Neue Kultur< (WNK) zusammengefunden.

Die Zugänge waren und sind hierbei unterschiedlich. Andreas kommt unmittelbar aus der Praxis zur Gewaltfreien Kommunikation (GFK) und Mediation. Er hat darin eine Ausbildung und führt Mediationen und Seminare und Kurse zur GFK durch, beruflich wie auch für die WNK, und bringt von dort her seine Erfahrung ein.

Das Schreiben und diese Theorie-Arbeit ist nicht seine Sache. Doch hat er mit seiner Erfahrung von unseren Gesprächen und Auseinandersetzungen her einen gleichwertigen Anteil an der Entstehung dieser Broschüre. Die Auseinandersetzung mit Humanevolution und Geschichte ist nicht sein Bereich, doch empfindet er von seinen Erfahrungen bzgl. von Kommunikation auch keinen Widerspruch zu meiner Position.

Als ursprünglich studierter Theologe bringe ich einen anderen Zugang zu Theorie mit. Wohl lag meine Ausrichtung immer auf Leben und also Praxis, doch vermittelte mir ein Dozent sehr nachhaltig die Bedeutung des *Zusammenhangs* von Theorie, Praxis und Reflexion (und Austausch).

Gerade auch in Sachen Kommunikation erscheinen mir auch entsprechende Auseinandersetzungen von Bedeutung, da die gängige kommunikative Praxis zu leicht in Missverständnissen und einem zu oberflächlichen und verkürzten Verstehen stecken bleibt. Es macht Sinn zu sehen, von welchem Horizont her sich Kommunikation und Sprache in der Humanevolution entwickelt haben und warum und welche kommunikativen Probleme in der historischen Entwicklung aufgekommen sind, gerade auch im Geschlechter-Verhältnis (Geschlechts-*Rollen*-Verhalten & Sexismus), vor allem auch in Sachen >Liebe<, weswegen in der Frühgeschichte auch die *Institution* >Ehe< eingeführt wurde, wenngleich bezeichnender Weise nicht unbedingt als Monogamie, weil es um eine Einrichtung zwecks Versorgung und Nachwuchs ging und nicht um das Persönliche.

Was nun meine Praxis angeht, so lag sie im Sozialen und Politischen (vor allem Alternativ-Kultur und Friedensarbeit) wie auch in Kursen und eigenen Tätigkeiten in den Bereichen Psychologie, Theater und Kunst.

Bei all dem war mir gerade Kommunikation immer schon ein wichtiges Anliegen und ein entscheidender Aspekt (auch mit einiger Korrespondenz), und ich habe immer schon gesehen, wie wenig davon funktionierte. Rückblickend ist mir jedoch ersichtlich, dass das nur allgemeine psychologische Verstehen für eine gute Kommunikation noch nicht zureichend war.

Von der GFK habe ich nicht erst durch Andreas gehört. Rosenbergs Standardwerk hatte ich bereits, auch gelesen. Doch ein Eindruck der Wirkung und Bedeutung der GFK entstand für mich erst richtig durch den Kontakt mit Andreas und unseren Gesprächen. Er hat mir mit seinen Erfahrungen in dieser Hinsicht immer wieder neue Horizonte wie Zugänge geöffnet. Wieder und wieder konnte ich bemerken, dass man bei aller guten Absicht und einigen psychologischen Kenntnissen doch tief in den sozialisierten kommunikativen Mechanismen verfangen ist, wo man die entscheidenden Fehler nicht bemerkt (erst die Folgen) und nicht erfahren genug ist, in den akuten Problemen den entscheidenden Dreh zu finden. Wenn auch Andreas nicht alles kann, war doch die Erfahrung wichtig, dass er nicht nur >Schlauheiten< von sich gibt, wie dies leider selbst in der Bildungsarbeit so häufig der Fall ist. Von daher kann ich, wo es nicht um Status und Theorie, sondern tatsächlich um ein Verstehen und Lernen von Kommunikation geht, Andreas als Mediator und Kursleiter sehr empfehlen.

Doch habe ich in diesem Kontext auch immer wieder die Bedeutung psychologischer Kenntnisse wie auch der Auseinandersetzung mit Humanevolution und Geschichte gesehen.

Dazu ließe sich insgesamt viel sagen. Hier will ich mich auf den Hinweis beschränken, dass die Ansätze Rosenbergs (mit der >Gewaltfreien Kommunikation<) doch in einem starken Kontrast mit unserer politisch-ökonomischen Realität stehen, wie es im Verlauf dieser Broschüre noch gezeigt wird. Das sollte nicht zu einfach übergangen werden. Es entstehen leicht naive Vorstellungen bzgl. von Kommunikation, die in Wirklichkeit nicht weiterführen.

Insgesamt ergibt sich für mich u.a. der Eindruck, dass die Ansätze von Rogers und Rosenberg auch mit der Geschichte der USA in Verbindung stehen. Diese Geschichte ist deutlich anders als bei uns von Eigeninitiative und Selfmade-Logiken geprägt und haben von daher sowohl mental und psychisch als auch gesellschaftlich andere Voraussetzungen, die direkter mit Kommunikation in Verbindung stehen. Unsere Verhältnisse sind politisch, rechtlich, sozial, in Denken und Verhalten ganz anders von der feudalen Tradition bis hin zum Faschismus wie auch von staatlichen Regelungen geprägt.

Letzteres hat im sozialen Bereich (Rente, Krankenversorgung usw.) sehr wohl auch seine Vorteile. Doch scheinen bei uns in Sachen Kommunikation sowohl von der mentalen Tradition her als auch von den heutigen Reglementierungen (gerade in Deutschland) ganz andere Schwierigkeiten zu bestehen. Dies schlägt sich auch in den bei uns entwickelten Konzeptionen sowohl in der Psychotherapie als auch in Sachen Kommunikation nieder (mit mehr Theorie, s. Schulz von Thun).

Das spricht nicht gegen Rogers und Rosenberg. Es ist vielmehr ein Glücksfall, dass hier unter den etwas anderen Bedingungen in den USA Einsichten und Erfahrungen entstanden, zu denen es bei uns in dieser Form nicht ohne Grund so nicht kam. Diese Einsichten und Erfahrungen sind sehr wohl von erheblicher Bedeutung. Man darf hier nur nicht der Vorstellung verfallen, dass sie sich per se im 1:1-Verhältnis übertragen ließen.

Es macht nach der bisherigen Erfahrung den Eindruck, dass wir hier anders mit der Auseinandersetzung konfrontiert sind, dass die Einsichten bzgl. Kommunikation in Spannung zu unseren sozialen Traditionen und unseren politisch-ökonomischen Verhältnissen stehen.

Wenn die Ansätze von Rosenberg und manche Momente von Rogers bei uns insgesamt nicht so einfach verfangen, so bedeutet dies nicht, dass sie nicht funktionieren. Es scheint nur, dass es bei uns einiges mehr an Auseinandersetzung erfordert, uns diese Ansätze anzueignen. Zunächst einmal sind aber diese Beiträge als ein großer Glücksfall zu sehen, weil sie höchst bedeutsame Aufschlüsse geliefert haben, was auch hier an sich möglich ist. Zwar mag dies hier nicht so einfach sein. Doch können wir hier gerade deswegen auch völlig neue Erfahrungen und Qualitäten erschließen, die gesellschaftlich von Bedeutung sind. Für uns auf der persönlichen Ebene auf jeden Fall.

Insgesamt ist die Broschüre angesichts der vielen Neueinsichten und Themen recht knapp gehalten. Weitergehende Ausführungen finden sich in meinen Büchern zu Humanevolution, Geschichte, Kulturologie und Sprache (→ S. 103).

CR

Hinweise:

- Im Unterschied zu den **runden Klammerzeichen** (.) sind die **eckigen** Klammerzeichen [...] *in Zitaten* Ausdruck meiner Bearbeitung [= CR]. Dies schließt auch mitunter eine Bemerkung [*kursiv abgesetzt*] ein. Dies wird an den Stellen nicht jeweils vermerkt.

- Diese Broschüre überschneidet sich in einigen Momenten bei dem Thema Sprache mit unserer **Broschüre >Sprache beherrschen<**, da wir deren Kenntnis hier nicht voraussetzen. Doch wird dort bei den gleichen Ausgangspunkten anders als hier die Thematik >Sprache beherrschen< entwickelt, dass die beiden Broschüren gegenseitig als Ergänzung nützlich sind.

Zu der WNK-Broschüre

Sprache beherrschen

*„ Wittgenstein sagt, dass Probleme entstehen, weil wir die Ar-
beitsweise unserer Sprache missverstehen. Er sagt, wir seien
von der Sprache >verhext<, und manchmal hätten wir einen
>Drang<, sie misszuverstehen. "* (A.C. Grayling)

Das Beherrschen von Sprache lässt sich bei weitem nicht schon
in dem Gebrauch von Vokabular und Grammatik verstehen.
Dies ist nur die Form, in der wir Sprache *handhaben.* Von dem
her, welche Funktionen Sprache im Verlauf der Evolution in unserer neurologischen Anlage erhielt, sind damit noch gänzlich
andere Dimensionen zu verbinden.

Da wir Sprache von klein auf an verinnerlichen (>installieren<),
ist ein solches Verstehen in Hinsicht auf die Arbeitsprozesse von
Sprache in unserem Bewusstsein, Denken und Verhalten von
handfester Relevanz. Dies ist in unserer Kultur mit gravierenden
Konsequenzen aus dem Bewusstsein geraten – und soll nun wieder in den Blick gefasst werden.

Theater-Techniken bieten mit Szenarien, Rollen, Maskenbildnerei und Körpermalerei vielfältige Möglichkeiten für Experimente und Erfahrungen mit Kommunikation und Interaktion. Hier rechts CR bei der Vorbereitung einer Aufführung 1993

Einleitung

Um die fundamentale Bedeutung von Kommunikation für die menschliche Existenz und die Hintergründe der Entstehung der kommunikativen Störungen hinreichend zu verdeutlichen, soll hier zunächst kurz auf die humanevolutionäre und die historische Entwicklung eingegangen werden.

Hierbei soll zunächst gezeigt werden, dass Sprache und Kommunikation bei weitem nicht gleichgesetzt werden können. Mit dieser gängigen Meinung werden weder Kommunikation noch die eigentliche Funktionslogik von Sprache zureichend erfasst.

Zuerst soll anhand des evolutionären Prozesses gezeigt werden, dass Sprache zunächst ganz andere neurologische Funktionen erfüllt und warum der Gebrauch von Vokabular und Grammatik, sprich >Reden<, noch lange nicht schon Kommunikation ist. Doch können umgekehrt neurologisch eine non-verbale Kommunikation und bloße Gefühle den Gebrauch von Sprache in der Kommunikation beim Menschen nicht ersetzen.

Es hat recht spezielle sprachliche Hintergründe, die in der humanevolutionären Entwicklung eine integrale Verknüpfung von Kommunikation und Sprache ermöglichten, aus der das menschlich neuartige Niveau im Beziehungs- und Sozial-Leben (namens >Kultur<) entstand. Erst diese Verknüpfung von Kommunikation und Sprache erbrachten ein wünschenswertes Beziehungs- und Sozial-Leben, was auch erst die Humanevolution mit unserer Art Homo sapiens zu dem Erfolgsmodell machte, das man meist schon in frühere Gegebenheiten hineinprojiziert.

Leider kam es in den lange andauernden Notstandsproblemen aufgrund der gigantischen Naturkatastrophen am Ende der Eiszeit vor ca. 13.000 Jahren zu einem substanziellen Verlust in der Beherrschung von Kommunikation und von Sprache. Dass es binnen Kürze zu Problemen im Sozial-Leben bis hin zu Sexismus, Macht und Gewalt bis hin zu Diktaturen, Faschismus und Kriegen bis hin zum kulturellen Kollaps und sozialen Selbstruin kam, hat darin seinen Ursprung. Ohne ein zureichendes Beherrschen von Sprache und von Kommunikation ergeben sich im menschlichen Sozialleben von der gesellschaftlichen Organisation bis zur privaten Liebes-Beziehung hinein unweigerlich Probleme, die bis zum gesellschaftlichen Zusammenbruch führen können.

Die gängigen Missverständnisse bzgl. Kommunikation und Sprache verweisen schon auf diese historischen Probleme. Diese sind sowohl im Verhalten als auch in der gesellschaftlichen Organisation entscheidend tiefer eingebettet, als dass man diese Probleme bzgl. von Kommunikation mal eben im Nebenbei sozial und im Verhalten auflösen könnte. Man hat hier bis vor kurzem noch nicht einmal eine Vorstellung von diesen Defiziten und ihren Auswirkungen gehabt, wie sie in ihren Folgen in konzentrierter Form im 3. Reich sichtbar wurden.

Inzwischen sind hier Einsichten in der Kommunikationspsychologie entstanden, mit denen sich die kommunikativen Probleme beheben lassen. Es gibt hier Tipps wie auch die an sich geniale Konzeption der Gewaltfreien Kommunikation, womit sich schnell spürbare Verbesserungen im Sozial-, Beziehungs- und eigenen Gefühlsleben erreichen lassen. Dies kann über die kurzen nachfolgenden Ausführungen von Humanevolution und Geschichte verständlich werden.

Der entscheidende Punkt besteht darin, die andersartige Dimension von Kommunikation gegenüber dem bloßen Gebrauch von Vokabular und Grammatik in den Blick zu bekommen. Die Funktionen von Sprache und von Kommunikation wie auch das Verhältnis *zwischen* Sprache und Kommunikation liegen erheblich komplexer, als es bis heute bis in die Wissenschaft hinein gesehen wird. Hierbei stellt sich zunächst die Notwendigkeit dar, einige neurologische Gegebenheiten von Sprache bei uns Homo sapiens näher zu erläutern. Diese werden von den evolutionären Entwicklungen her verständlich.

Dass Reden und Kommunikation nicht gleichgesetzt werden können, ergibt sich schon aus folgender Einsicht:

„>Man kann nicht nicht kommunizieren.< *Dieses >Grundgesetz der Kommunikation (Watzlawick 1969) ruft uns in Erinnerung, dass jedes Verhalten Mitteilungscharakter hat. Ich muss gar nicht etwas sagen, um zu kommunizieren. Jedes Schweigen ist >beredt< und stellt eine Nachricht [...] dar.*" [4]

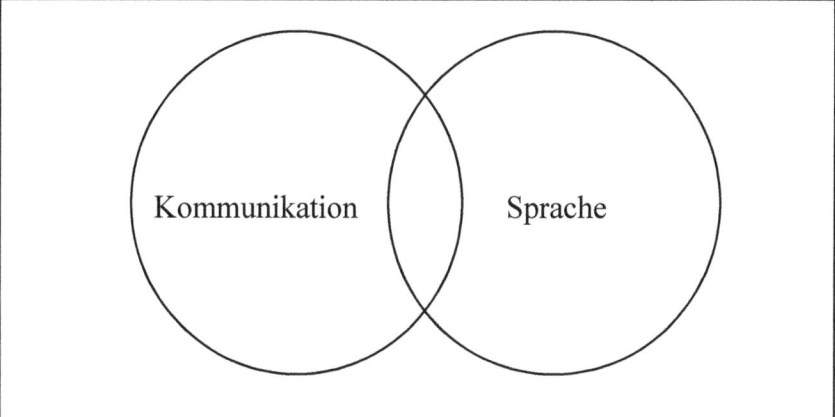

Die Schnittmenge von Kommunikation und Sprache liegt evolutionär unterschiedlich und ist bei uns eine Frage der gesellschaftlichen wie der persönlichen Entwicklung.

Auch Schweigen ist Kommunikation, auch die Art des Blickkontakts, Gesten, Kleidung usw., wenn auch nicht unbedingt bewusst und in unseren anonymeren Sozialleben immer so gemeint. Der Komplex von Kommunikation ist als der Art der sozialen Interaktion ist evolutionär beträchtlich älter als die Evolution von Sprache. Wohl gibt es Zusammenhänge zwischen

---

[4] Friedemann Schulz von Thun: Miteinander Reden, Band 1, S. 37

Kommunikation und Sprache, doch ist die Evolution von Sprache allen Anhalten nach **nicht** als Ausprägung von Kommunikation entstanden, sondern als eine innere neurologische Funktion der Erweiterung der Verhaltensfähigkeiten (Planen, für eine neue Handfertigkeit usw., s.u.).

Die kommunikative Funktion, die Sprache dann im Weiteren erhielt, bezieht sich zunächst nur auf äußere Erledigungen. In dieser Art wurde die Divergenz zwischen Kommunikation und Sprache immer größer, dass es in sozialer Hinsicht zu einem effektiven evolutionären Problem kam...

Hinweis für wissenschaftlich Interessierte:

Es ist interessant, dass die psychologischen Einsichten im Positiven den neueren Einsichten in den humanevolutionären Prozess entsprechen, wie umgekehrt die Einsichten in die kommunikativen Störungen und Fehler mit den neueren historiologischen Einsichten in bestimmte historische Prozesse korrespondieren.

Diese Entsprechungen sind jeweils beidseitig in der Erkenntnis-Entwicklung von Vorteil. Damit kommen wir endlich über die Anfänglichkeit der humanwissenschaftlichen Ansätze und ihrer bisherigen ideologischen Momente („Mängelwesen" usw.) hinaus zu einer Kompatibilität, in der sich die Einsichten der verschiedenen Forschungs-Richtungen gegenseitig erhellen und auch korrigieren.

Tatsächlich erreichen wir im Bereich der Humanwissenschaften erst seit jüngster Zeit eine Wissenschaftlichkeit in der Art unserer geographischen Weltkarte. Davon kann bei den noch immer verbreiteten gängigen Konzeptionen von Humanevolution und der menschheitsgeschichtlichen Entwicklung, aber auch in Teilen in der Psychologie noch nicht die Rede sein.

Zu den Hintergründen von Kommunikation
in Evolution und Geschichte

„Dass wir miteinander reden können, macht uns zu Menschen." [5]

„Unsere Zuneigung wächst, je mehr wir voneinander erfahren. Das ist ein klassisches Ergebnis der Sozialpsychologie und der menschlichen Verhaltensforschung." [6]

„Kooperation und Mitmenschlichkeit leben davon, dass wir uns gegenseitig auf dem Laufenden halten, was in uns vorgeht. Selbstausdruck und Anteilnahme gehören zu den vitalen Lebensbedürfnissen des Menschen. […]
Kommunikation dient aber nicht nur dem Ausdruck dessen, was ist, sondern auch der Hervorbringung dessen, was sein soll." [7]

Genau so erklärt sich die humanevolutionäre Entwicklung.

Doch Reden ist noch längst nicht Kommunikation. Sprache ist ursprünglich nicht zwecks Kommunikation entstanden, und das Eigentliche von Sprache bei uns Homo sapiens liegt jenseits der Ebene von Vokabular und Grammatik. Vieles liegt also deutlich anders als in unserer Tradition angenommen. Dies soll erläutert werden.

---

[5] Michael Lukas Moeller: Die Wahrheit beginnt zu zweit, S. 20. Der Satz scheint jedoch von dem Philosophen Karl Jaspers zu stammen (ebd. S. 45)
[6] Michael Lukas Moeller: Die Wahrheit beginnt zu zweit, S. 33
[7] Friedemann Schulz von Thun: Miteinander reden, Band 1, S. 243

1 Zur Evolution von Sprache

Der Eindruck, dass vieles Reden eher ein Selbstgespräch – auch gegenseitiger Art – ist, ist nicht unbegründet.

Wohl hat die evolutionäre *Entstehung* von Sprache neurologisch ihren Ursprung in den kommunikativen Mechanismen. Doch erklärt sich die evolutionäre Ausbildung von Sprache aus der **Umkehrung** von Kommunikation zum Selbstgespräch. Unser >Denken< ist ein geräuschlos gewordenes **Selbstgespräch**. Dieser doppelte Charakter wird bei dem Beginn des Sprachgebrauchs bei den Kleinkindern ersichtlich, so etwa mit dem zeigenden >da<.

„So beginnen Kinder normalerweise gegen Ende des ersten Lebensjahres ein Verhalten zu zeigen, das als gemeinsames Interesse bezeichnet wird. Beispielsweise können sie einzig deshalb auf etwas deuten, weil sie ihr Interesse daran mit jemand anderem teilen wollen. Wenn autistische Kinder auf einen Gegenstand zeigen, dann nur, weil sie ihn haben möchten." [8]

Die Sprachlichkeit baut neurologisch auf dem Bereich der Kommunikation auf. Doch entwickeln sich Sprache und Denken über das *Selbstgespräch* im Kontext von Verhaltens-Initiativen (s.u.). Dabei löst sich dies von der konkreten - und ggf. auch von *jeder* realen - Kommunikation ab. Diese scheinbaren Widersprüche erklären sich durch die evolutionären Etappen. Sie zu verstehen ist wichtig, wenn man sein >Denken< und sein Handeln steuern lernen und vom Reden zu wirklicher Kommunikation und zu fähigen Beziehungs- und Sozialverhältnissen gelangen möchte.

---

[8] Uta Frith: Autismus, in: Berthold Riese: Schrift und Sprache, S. 36

24

1.1 Sprache als neurologische Funktion

Es ist eine bis in die Wissenschaft hinein reichende immer noch bestehende vorwissenschaftliche Annahme, dass Sprache eine direkte Weiterentwicklung der Signale der Tier-Stufe sei. Doch erfasst dies die neurologischen Zusammenhänge nicht.

Vielmehr vollzog sich der Schritt von den Lautäußerungen zu der evolutionären Entstehung von Sprache offenbar in der **Umkehrung** des Laut-Gebrauchs: **von Signalen an andere zu Signalen und Impulsen in Bezug auf sich selbst.**

Dies belegt sich darin, dass diese Prozesse mit völlig verschiedenen neurologischen Strukturen verbunden sind:

„Gehirnuntersuchungen an Rhesusaffen [...] ergaben, dass die Lautäußerungen dieser Tiere nicht vom Neocortex gesteuert werden – also von der Großhirnrinde, die die meisten intellektuellen Prozesse lenkt -, sondern vom sog. Limbischen System, das mehr für den Gefühls- und Instinktbereich zuständig ist." [9]

Es ist **dieser Schritt** zu dem „Selbstgespräch", der auch die neurologische **Voraussetzung** zum planerischen Denken, zu einem systematischen Werkzeuggebrauch und einer neuartigen Geschicklichkeit - hier insbesondere in der Handfertigkeit - stellt.

---

[9] Martin Kuckenburg: Wer sprach das erste Wort? S. 31

Es soll im Folgenden etwas ausführlicher auf diesen Schritt der Entstehung der Evolution von Sprache eingegangen werden, damit hinreichend deutlich wird, dass Sprache selbst nicht als Entwicklung von Kommunikation entstand. Entsprechend ist Reden auch noch längst nicht Kommunikation.

Die verschiedensten neuartigen evolutionären Entwicklungen haben im Selbstgespräch ihre Voraussetzung. Dafür war zunächst nicht viel an Sprache nötig. Es beginnt wie beim Säugling etwa mit dem zeigenden Universalwort dt. *da,* mit dem man Objekte und Prozesse neurologisch ausgeprägter und komplexer ins Bewusstsein aufnimmt als nur durch das Sehen >an sich<. Dann kommt es bei dem Gebrauch und Bearbeiten von Objekten zu einem ersten Selbstgespräch wie etwa: „da, so, ja so, gut; nein, Mist, so nicht; so, ja so." Schon dieses sprachlich schlichte Selbstgespräch enthält ein Bündel an Motiven: eine Konzentration und Ausrichtung auf den Prozess, ein *Abrufen* entsprechender Vorstellungen und ggf. Erfahrungen, eine Selbstmotivierung und Bewertung seines Handelns und der jeweiligen Resultate.

Wohl setzt der Schritt zum Gebrauch von Mitteln nicht per se sprachliches Denken voraus, und er findet sich auch bereits früher in der Tier-Welt. Dieser Einsatz von Mitteln kann in >instinktiver< Erkenntnis erfolgen und dann in Nachahmung tradiert werden, sogar bis dahin, dass bestimmte Verhaltensformen auf die Dauer zur genetischen Ausstattung werden. Auch Geschicklichkeit ist nicht per se vom sprachlichen Denken abhängig. Es gibt Geschicklichkeiten, die genetisch angelegt sind oder in der Nähe der genetischen Möglichkeiten liegen, dass sie bei etwas Probieren „plötzlich" funktionieren. Das gilt bei uns etwa für das Schwimmen oder das Radfahren (im Gleichgewichts-Balancieren).

Demgegenüber ist das Erlernen eines Musikinstrumentes oder des Tippens etwas entscheidend Anderes. Dieses Erlernen ist aufgrund seiner komplexen Präzision zunächst von einer genauen >geistigen< Kontrolle abhängig, bis die Bewegungen durch ständiges Wiederholen >in Fleisch und Blut übergehen<, sprich durch den Aufbau der neurologischen Verbindungen hinreichend in den tieferen neurologischen Bereichen verwurzelt sind. Diese vorausgehende Kontrolle der Bewegungsmuster ist mit Sprache und Selbstgespräch verbunden („nein, Mist; ja, genau so, gut"). Die durch Sprache ausgeübte Kontrolle ermöglicht eine neuartige Komplexität und Präzision, wie sie bei dem Erlernen des Tippens, eines Instruments und bei bestimmten Handfertigkeiten notwendig ist.

Ein weiterer höchst bedeutsamer und neurologisch alles andere als selbstverständlicher Sachverhalt ist auch, dass sich mit Hilfe von Wörtern seine Ausrichtung **aktiv** initiieren lässt. Mangels dessen bleiben bei dem Schimpansen die Techniken und >Mittel< neurologisch effektiv von den Situationen abhängig. In dieser Hinsicht gilt in engster Form >aus den Augen – aus dem Sinn<.

„Auf dieser Pyramide der Reizverarbeitung liegen die Sprache und die künstlichen Aspekte des menschlichen Geistes wie eine dünne Kruste. Diese dünne Kruste übt jedoch einen gewaltigen Einfluss auf den Menschen aus, da sie in der Lage ist, die Richtung des Verarbeitungsprozesses umzukehren. Tiere leben ausschließlich in der Gegenwart: alle ihre Sinneswahrnehmungen steigen wellenartig bis zur Spitze auf und verwischen dabei die Spuren früherer Wellen. Durch die Sprache ist es jedoch möglich, die Richtung umzulenken und Gedanken zurückzulenken. […] Die dünne Kruste bewirkte also, dass das Gehirn nicht mehr nur einseitig von der Außenwelt angetrieben wurde, sondern dass es auch auf die sprachlich motivierten Gedankenketten in seinem Innern reagierte."
[10]

„Weil die Sprache [*in ihrer Lautform*] symbolisch war und sich nicht auf gegenwärtige Ereignisse beziehen musste, versetzte sie den Menschen in die Lage, über Vergangenes und Zukünftiges zu sprechen. Sie war kompakt, so dass Begriffe

---

[10] John McCrone: Als der Affe sprechen lernte, S. 202

als Platzhalter fungieren können, um große Wissensbrocken im begrenzten Arbeitsspeicher des Bewusstseins hin- und herzuschieben." (ebd. S. 201)

> Zu dem Thema >Sprache< und ihrer evolutionären Entwicklung bietet das Buch von John McCrone „Als der Affe sprechen lernte" eine gute lesbare Einführung, wenn dieses Werk auch nicht in jeder Hinsicht befriedigend ist, vor allem nicht, wo es sich dem historischen Bereich annähert.

Tatsächlich ist der Bestand und Erwerb von Sprache sogar für unser >Sehen< die Voraussetzung. Unser Sehen ist kein Sachverhalt von Optik, auf jeden Fall nicht in der Art einer Kamera oder eines Fernglases. Das, was wir beim Sehen wahrnehmen, steht vielmehr mit Sprache in Verbindung.

Dass wir all die Sachverhalte unseres Sehens zu >erkennen< vermögen, ergibt sich ausschließlich dadurch, dass wir in Verbindung mit Sprache ein Wissen darüber aufgebaut haben, was wir jeweils wahrnehmen. Insofern besteht hier ein grundlegender Unterschied zu dem >Sehen< der Tiere, auch wenn auch das Sehen etwa von Katzen vom Lernen geprägt ist. Dieser kategoriale Unterschied verknüpft sich dabei nicht mit der Anlage der Augen, sondern mit unserem sprachlich geprägten neurologischen Strukturen im Gehirn und dann dem >Wissen<.
.

Diese Entwicklung beginnt mit dem zeigenden >da< des Säuglings, der aufgrund der mit der Sprachlichkeit verbundenen Gehirnstrukturen die Objekte und Prozesse *wahrnehmen* und später soweit identifizieren *lernt*. Bei dem >Sehen< wird mit dem Erwerb des Wortschatzes ein Bewusstsein über diese Sachverhalte aufgebaut.

Dieser Zusammenhang zwischen >Sehen< und Sprache zeigt sich umgekehrt bei bestimmten neurologischen Störungen, wie z.B. bei dem Mann der Titelgeschichte in Oliver Sacks Buch

28

>Der Mann, der seine Frau mit einem Hut verwechselte<. Man kann sich zunächst eine solche Verwechslung nicht vorstellen und auch nicht, dass dieser Mann die gezeigte Rose optisch nicht zu erkennen vermochte, obwohl er keine Probleme mit seinen Augen hatte. Tatsächlich konnte er diese Rose >sehen<, aber bestimmte Störungen in seinem Gehirn verhinderten die Verarbeitung der Nervenimpulse auf diesem Weg. In Verbindung mit dem Riechen konnte er erkennen, dass es sich bei dem optisch wahrgenommenen Objekt um eine Rose handelte.

Ein Beispiel, woran wir uns den neurologischen Vorgang des >Sehens< verständlich machen können, sind Schrift, Text und Lesen (analog zu Sprache). Wäre dieser Text in chinesischer Schrift geschrieben, hätten wir keine optische Störung, aber sehr wohl ein Problem im Verstehen, was bereits mit der Rezeption der Zeichen begänne. Wie sehr ein >Verstehen< optischer und anderer Sinneswahrnehmen aufgebaut wird, wird an einer fremden Schrift, einer fremden Sprache wie in Bereich von Fachwissen oder auch beim Tanz *deutlich. Dies gilt auch für Gegebenheiten der Natur und in der Wahrnehmung von körperlichen Befunden und selbst von Gefühlen. [11]

Das Entscheidende ist hier zunächst nicht das große Vokabular, sondern die Ausprägung einer neuartigen Neurologie, wie es im Deutschen beim Säugling in Verbindung mit dem zeigenden Universalwort >da< zum Ausdruck kommt und beginnt.

Entsprechend entstand evolutionär quantitativ wie vor allem auch qualitativ eine neuartige neurologische Großhirn-Entwicklung, die sich in dem neuen Schub an Großhirn-Entwicklung (s. Graphik nächste Seite) wie an den evolutionär neuartigen Aktivitäten und auch an der evolutionär neuartigen Arbeitsweise unseres Gehirns belegt.

---

* Bei Kursen in Modern Dance musste ich erleben, was es für eine Anforderungen ist, einen hinreichenden Blick für die ganzen Bewegungen zu entwickeln und sich diese dann alle merken zu können.
[11] Dies zeige ich in meinem Buch >Was *eigentlich* Sprache ist< ausführlicher

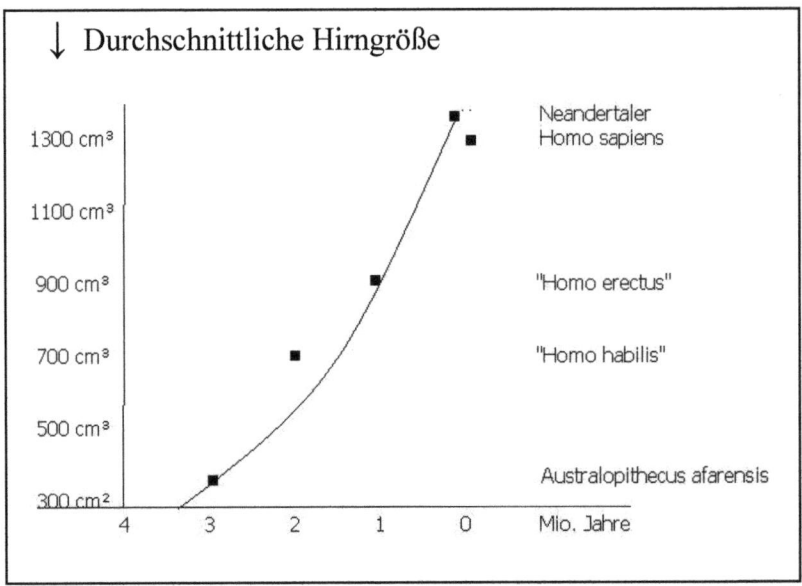

Vereinfachte Nachzeichnung [12]

Auch wenn es bislang keine Möglichkeit gibt, den Beginn der Evolution von Sprache direkt fassen zu können, so stellt sich doch die Evolution von Sprache als die **Voraussetzung** für ein Planungs-Denken und die Entwicklung einer neuartigen Handfertigkeit gar, dass hier ein Zusammenhang mit dem Aufkommen des Schritts zur Werkzeug-Produktion und dem neuen Schub in dem Gehirnwachstum vor ca. 2,5 Mio. Jahren zu sehen ist. Vgl. dazu etwa:

„Die Mehrzahl der Fachleute bringt trotz dieser Unsicherheiten das enorme Wachstum insbesondere des Großhirns im Verlauf unserer Entwicklungsgeschichte mit einem wahr-

---

[12] in Roger Lewin: Spuren der Menschwerdung, S. 143, und GEO Wissen „Die Evolution des Menschen", S. 80. In der Spätzeit erreichte jedoch „Homo erectus" eine ähnliche Gehirngröße wie Homo sapiens.

30

scheinlich schon frühen Auftreten des Evolutionsfaktors Sprache in Zusammenhang. >Wenn die Hominiden nicht die Sprache nutzten und verfeinerten, würde ich gerne wissen, was sie mit ihren selbst beschleunigt wachsenden Gehirnen taten<, bemerkte etwa die amerikanische Anthropologin Dean Falk 1989 in einem Diskussionsbeitrag ironisch, und auch ihr Kollege Terrence Deacon vermutete: >Die Sprache war die Hauptursache, nicht eine Folge des menschlichen Gehirnwachstums.<" [13]

„Dies ist umso wahrscheinlicher, als Werkzeugproduktion und Sprache nach Meinung vieler Fachleute auf miteinander korrespondierenden geistigen Fähigkeiten beruhen und ihre neurologischen Grundlagen sich daher im Verlauf unserer Evolutionsgeschichte Hand in Hand entwickelt haben dürften. >Die Handlungsabläufe bei der Geräteherstellung haben strukturelle Ähnlichkeit mit denen bei der Konstruktion eines Satzes<, urteilt etwa der bereits zitierte Prähistoriker Gowlett, und die Neurologin Kathleen R. Gibson schrieb 1988: >Gerätegebrauch und Sprache teilen eine gemeinsame neurologische Basis und dürften sich deshalb zusammen herausgebildet haben." (ebd. S. 77 f.)

M.E. sprechen die Gesamtzusammenhänge dafür, dass der evolutionäre Beginn von Sprache

- mit dem **geologischen Umbruch vor ca. 2,5 Mio. Jahren**   =
- mit Beginn der >**Steinzeit**< = Herstellung von Stein-
    Werkzeugen =
- dem Beginn der **Hominiden**-Evolution

in Verbindung steht.

---

[13] Martin Kuckenburg: Wer sprach das erste Wort? S. 58

31

Die evolutionäre Entwicklung von Sprache kann bestens analog des kindlichen Spracherwerbs gedacht werden. Die ersten Stufen dürften der phylogenetischen Entwicklung von Sprache entsprechen. Es beginnt also zunächst mit einigen Wörtern im Ein-Wort-Gebrauch bis etwa 50 Wörtern. Dann kommt es wie wohl in der Evolution zu einem Sprung in der Ausweitung des Vokabulariums und in der Ausbildung von Zwei- und Drei-Wort-Sätzen. Danach folgt eine neue Stufe mit einem umfassenden Vokabular und Satzfolgen mit Grammatik, im Prinzip so, wie wir dies kennen.

Modell:

Evolution von Sprache	Evolutionäre Stufe
Von **Lauten** zu **Wörtern**	**Hominiden I** (z. B. „Homo habilis")
Von **Wörtern** zu 2 + 3 **Wort-Sätzen**	**Spätphase Hominiden I** ▶ ▶ ▶
Sätze und **Satzfolgen** im Kontext von **Erledigungen** (von einfachen Anfängen bis später **beliebig komplex**)	**Hominiden-Stufe II** (z.B. „Homo erectus")

> > Humanevolution

Die beiden evolutionären Dimensionen von Sprache

Zu dem **kategorialen evolutionären Unterschied** zwischen den **Hominiden** und dem **Menschen**

 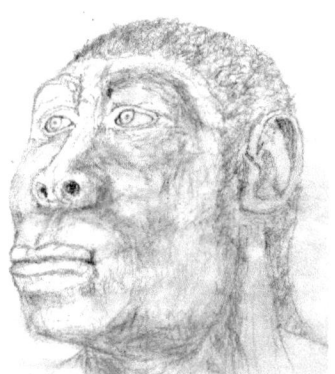

Hominidus habilis   Hominidus erectus [14]

So sehr ich bei „Homo erectus" eine ausgeprägte Sprache aus Vokabular und Grammatik annehme, so sind wir deswegen noch lange nicht schon beim Menschen.

Es ist bislang kein Anhalt zu sehen, dass es hier schon zu einer Ablösung von der genetischen Verhaltenssteuerung gekommen wäre. Diese Ablösung von der genetischen Verhaltenssteuerung war ein überaus komplizierter und langwieriger Prozess: eben

---

[14] Nachzeichnungen nach Modellierungen in GEO: Die Evolution des Menschen, S. 24 ff.

33

der ganzen humanevolutionären Entwicklung. Sie konnte auch da nicht einmal in einem einzigen Schritt erfolgen. Vielmehr war sie mit drei Etappen in der Wechselwirkung zwischen Sprache, Selbststeuerung und Kommunikation verbunden.

Es ist von entscheidender Bedeutung, diesen fundamentalen Un erfassen. Denn die Hominiden sind – im Unterschied zu den Affen - gerade mit ihrem großen Gehirn, mit Sprache und all ihrer technischen Intelligenz dem Aussterben verfallen, und dies evolutionär betrachtet auch recht schnell (in einem Zehntel des Bestandes der Menschenaffen). Dabei spricht einiges dafür, dass Sprache eine entscheidende Rolle bei diesem Aussterben spielte.

Die evolutionäre Entwicklung der Hominiden mit Sprache, technischer Intelligenz und dem Schub an Gehirn-Wachstum erklärt sich aus den Notstands-Problemen in dem geologischen Umbruch vom Pliozän zum Pleistozän vor ca. 2,5 Mio. Jahren. Dieser Umbruch war die Folge der Vergletscherung des Nordpols. Da diese Vergletscherung sehr viel Luftfeuchtigkeit im Eis band, bedeutete dies im Süden wie in Afrika einen deutlichen Rückgang des Regenwaldes. Die betroffenen Menschenaffen-Arten verloren ihren gewohnten Lebensraum im Wald und mussten sich auf die völlig neuartigen Lebensverhältnisse in der Savanne in Hitze, mit anderer Nahrung und den Gefahren durch Raubkatzen umstellen. Damit verknüpfen sich die Entwicklung zur Zweibeinigkeit und die Umwandlung vom Fell zur Haut mit dem Schweißdrüsen-System.

Diese fundamentale evolutionäre Umstellung wurde durch die Entwicklung von Sprache, eine planerische und technische Intelligenz und eine neuartige Handfertigkeit mit der Herstellungen von Werkzeugen bewältigt. Diese Entwicklung der Hominiden war mit der Zeit sogar so erfolgreich, dass sich diese nach einiger Zeit sogar über den angestammten Kontinent Afrika hinaus auch in Europa und Asien zu verbreiten vermochten.

Doch umgekehrt betrachtet war dies auch alles, zu was diese Entwicklung in der Lage war. Unter entsprechenden äußeren

Anforderungen war die Anlage der Hominiden überaus leistungsfähig. Doch ohne hohe äußere Anforderungen wurde sie sozial überaus unproduktiv. Angesichts ihrer genetischen Verhaltens-Anlage konnte sich die technische Intelligenz und die überschüssige Energie tragischerweise nur als Steigerung der Konkurrenz um Macht und Geschlechtspartner/innen niederschlagen – gerade mit ihrer technischen Intelligenz bis zum endgültigen gegenseitigen Selbstruin.

Von daher erklärt sich die tatsächliche humanevolutionäre Entwicklung unmöglich als eine weitere Steigerung der hominiden Entwicklung, wie es – durchaus bezeichnenderweise – selbst in der Wissenschaft häufig noch immer gesehen wird. Die tatsächlich völlig andersartige humanevolutionäre Entwicklung hat von der evolutionären Problemstellung gänzlich zweifelsfrei darin ihren Grund, dass die Hominiden mit ihrer technizistischen Ausrichtung dem Aussterben verfielen.

Von dort her steht der biologische Hintergrund der humanevolutionären Entwicklung vielmehr aus dringendsten evolutionären Gründen mit der Ablösung von der genetischen Verhaltenssteuerung in Verbindung: im gemeinschaftlichen Erwerb der Befähigung zur Selbststeuerung seiner Verhaltens-Anlage aufgrund von Kommunikation. Damit - allein - verknüpft sich der kategoriale Unterschied zwischen Mensch und Tier.

Der Beginn der humanevolutionären Entwicklung kann erst vor etwa 0,5 Mio. Jahren angesetzt werden. Die Hominiden sind als eine eigene evolutionäre Stufe zwischen den >Menschenaffen< (Hominoiden) und der Humanevolution zu sehen (sofern man nicht noch weitere Stufen ansetzen will).

Nicht die Sprache an sich schuf den großen Erfolg der Humanevolution und unserer Art Homo sapiens. Sie hatte durchaus vielfältige negative Konsequenzen, wie wir das auch erleben können. Erst die humanevolutionäre Entwicklung der sprachlichen Kommunikation erbrachte diesen Erfolg: als der Grundlage für ein fähiges Sozial- und Beziehungs-Leben.

Wohl baut die humanevolutionäre Entwicklung auf der Sprache der Hominiden auf. Es ist nicht zu sehen, dass ohne einen bereits entwickelten Bestand an Sprache die humanevolutionäre Entwicklung überhaupt eine Möglichkeit gewesen wäre. Kommunikation und ein Niveau an Kognition und Reflexion – also Effekte der Sprachlichkeit - erscheinen als die konstitutiven Voraussetzungen der Humanevolution. Auf der Basis von Kognition, Reflexion und Kommunikation wurde es möglich, seine Sozialverhältnisse auf eine andere Weise zu steuern als durch Macht, Bündnisse und Gewalt wie auf der Tier-Stufe. Entsprechend tritt dies bei einem *substanziellen* sozialen Mangel an Kognition, Kommunikation und Kultur auch beim Menschen in Erscheinung, wie entsprechende Probleme umgekehrt Ausdruck eines solchen substanziellen Mangels (>kulturelle Verwahrlosung<) sind.

Doch gibt es einen fundamentalen Unterschied zwischen der Sprache der Hominiden und der humanevolutionär entwickelten Sprache. Da die Hominiden noch der genetischen Verhaltenssteuerung unterlagen, musste ihre Sprache nicht auch der Steuerung der auf der Zwischenhirn-Ebene befindlichen Verhaltensprozesse dienen wie bei uns Menschen.

Die Sprache der Hominiden verknüpfte sich von daher mit dem bloßen Bestand an Vokabular und Grammatik. Dies war unter den entsprechenden neurologischen Voraussetzungen eine natürliche Entwicklung aus den Lautformen. Bei dieser Sprache aus Vokabular und Grammatik handelt es sich um eine Verlängerung der Möglichkeiten unter den Gegebenheiten der genetischen Verhaltenssteuerung: um den Bereich von Dienstleistung und Produktion.

Wohl gibt es bei uns Menschen noch immer diesen Bereich von Produktion und Dienstleistung. Auf dieser Ebene erfüllt eine Sprache aus lediglich Vokabular und Grammatik und ohne ein näheres Verstehen von Kommunikation ihren Zweck.

Doch im Bereich der eigentlichen Selbststeuerung und von Kommunikation reicht dies nicht. Wohl gebrauchen wir auch hier Vokabular und Grammatik, aber in diesen Kontexten sind Vokabular und Grammatik lediglich die >Oberflächenstruktur< von Sprache (Chomsky), also wie wir Sprache *handhaben*. Das Eigentliche von Sprache liegt bei uns Menschen hinter der Ebene von Vokabular und Grammatik. Diesen Unterschied gilt es in Hinsicht auf Kommunikation und Selbststeuerung zu erfassen.

Graphische Veranschaulichung des Unterschieds in der neurolinguistischen Funktionslogik

Schwarz: die Verhaltenssteuerung im Zwischenhirn
weißer Kreis Großhirn (Neokortex)

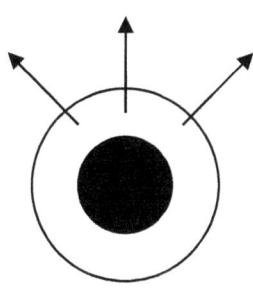

Hominide	Homo sapiens
Erweiterung des Potentials der genetischen Verhaltenssteuerung	+ zusätzlich Befähigung zur Selbststeuerung
Sehen – Planen – Handfertigkeit **Technik**	+ Befähigung zur Gestaltung d. Sozial- & Beziehungslebens **= Kultur**
Vokabular & Grammatik	+ Bilder & Geschichten (Neuropsychogramme)

Geschichten, Bilder und Mythologie

„Kleine Kinder lieben Geschichten und wollen immer wieder
welche hören. Sie können komplexe Zusammenhänge begreifen, sobald man sie ihnen in Form von Geschichten präsen-
tiert [...]." [15]

Physiologisch vollzog sich die humanevolutionäre Entwicklung
dadurch, dass man in ihr seine Überschüsse an Energie und Intelligenz anders als die Hominiden nicht für gesteigerte Konkur-
renzkämpfe um Ränge und Geschlechtspartner/innen einsetzte,
sondern für eine stärkere Zuwendung zu den Kindern.

Dadurch brachte man mehr neurologisch unreifere Säuglinge
durch. In diesem Kontext spielte Sprache in Sprachspielen wie
ei-tei-tei und (tonal) Singen wie *la-la-la* und in Geschichten eine
entscheidende Rolle. Denn dies waren die Formen, die den zunächst äußerst geringen Möglichkeiten der unreif Geborenen
entsprachen. Mit diesen unreifer Geborenen vollzog sich die Ablösung von der genetischen Verhaltenssteuerung, während umgekehrt der Einfluss von Sprache und Spielen/Kultur in der neurologischen Anlage bis zur Befähigung zu Selbststeuerung und
Kommunikation wuchs.

Der Komplex von >Dienstleistung und Produktion< verknüpft
sich in Verbindung mit der Evolution von Sprache mit der Ausweitung der Großhirn- oder Neokortex-Ebene. Daraus ergab
sich die Sprach-Ebene von Vokabular und Grammatik. Doch die
eigentliche Verhaltenssteuerung liegt auf der neurologisch tieferen Ebene des >Zwischenhirns<. Diese Ebene ist mit Vokabular
und Grammatik nicht zu erreichen. Diese Verbindung entstand
vielmehr durch >Geschichten<.

---

[15] Oliver Sacks: Der Mann, der seine Frau, S. 242

Zwar könnte man sagen, dass die Geschichten via Vokabular und Grammatik erzählt werden. Tatsächlich ist die humanevolutionäre Entwicklung auch in dieser Form zu denken.

Doch im Kontext der Verhaltenssteuerung (der Zwischenhirn-Ebene) ist das Szenische der **Ausgangspunkt**. Die >Geschichten< entstehen hier nicht durch eine Addition von Vokabular. Vielmehr sucht sich das >szenische Empfinden< der Zwischenhirn-Ebene (neben Lauten, Gesten) das Vokabular, um sein Empfinden auf die Ebene von Bewusstheit zu bringen und kommunizieren zu können (und erfindet ggf. dafür neue Wörter).

Die Ablösung von der genetischen Verhaltenssteuerung der Tier-Stufe hin zur Befähigung zur Selbststeuerung ist das Eigentliche der humanevolutionären Entwicklung. Damit - allein - verknüpft sich der kategoriale Unterschied zwischen Mensch und Tier.

Da hiermit die Selbststeuerung zur Grundlage der menschlichen Existenz wird, werden ganz in diesem Sinn hier nun die Geschichten, Bilder und Symbolik auch zu dem Eigentlichen der Sprache von uns Homo sapiens. Diese Bilder und Geschichten werden wohl via Vokabular und Grammatik erzählt, aber das Vokabular und die Grammatik sind hier nur die Oberflächenstruktur (Chomsky) der neurologischen Vorgänge. Wohl kann ohne die sprachliche Umsetzung diese Verhaltenshaltens-Ebene nicht gesteuert werden (ohne sie wird sie auch nicht wirklich bewusst), doch ohne den neurologisch verinnerlichten Bezug zu den Bildern und Geschichten der akuten Zwischenhirn-Aktivität bedeuten auch alle Wörter nichts. Ohne die Verbindung zu den Bildern und Geschichten verbleibt Sprache auf der Ebene von Produktion und Dienstleistung (und damit wird auch schon das „Geheimnis" der historischen Entwicklung deutlich).

Es geht bei bestimmten Geschichten in der Verbindung mit der Verhaltenssteuerung auf der Zwischenhirn-Ebene also um das Eigentliche der Sprache von Homo sapiens. Erst auf der Ebene der existenzialen und neuropsychologischen Geschichten kommen Kommunikation und Sprache zusammen.

Diese neuropsychogrammatischen Geschichten sind bei uns etwa als juristische Fallgeschichten, als Romane oder auch (eher in verformten Resten) als >Märchen< bekannt.

„Kinder brauchen sie [*Märchen*], um ein elementares Ordnungsgerüst zu erkennen; sie brauchen sie, um ihre noch diffuse Phantasie an Gestalten zu binden und somit ihre Welt dingfest zu machen. Märchen helfen den Kindern, sich in der Welt zu orientieren." [16]

In seinem immer noch wichtigen Buch >Kinder brauchen Märchen< führt *Bruno Bettelheim* dies in einigem näher aus. In dem interessanten Buch >Märchen als Therapie< zeigt die Psychologin Verena Kast in anderer Hinsicht deren neuropsychogrammatische Bedeutung.

Die Geschichten werden wohl per Wörter und Grammatik erzählt, doch sind sie von vorneherein mit einer ganz anderen Komplexität als die einzelnen Wörter für sich selbst verbunden. Das bedeutet den Unterschied, ein fertiges Auto zu bekommen, um fahren zu können, oder nur Material zu bekommen, das man erstmal für den Bau eines Autos usw. zurichten muss. Dieser Unterschied ergab sich durch die humanevolutionäre Entwicklung. Mit den Geschichten werden auch ganze Sets an Vokabular wie auch die sprachlichen Zusammenhänge zwischen dem Empfinden und dem Denken vermittelt (von daher Neuropsychogrammatik).

Im Unterschied zu *Stock* und *holen* als der Ebene der hominiden Sprache, die in einigem auch Hunde verstehen können, erklären sich die entscheidenden kulturellen Steuerungsbegriffe wie etwa >Gerechtigkeit< ausschließlich von Geschichten her, in denen Kommunikation und Selbststeuerung neuropsychogrammatisch auf einer hohen Ebene erschlossen worden sind. Formal ist wohl >Gerechtigkeit< eine Vokabel wie >Stock<, doch ist sie mit einem entscheidend anderen kulturellen Verstehen verbunden, das über entsprechende Geschichten entwickelt wird und gesteuert werden kann (Fabeln, juristische Fall-Geschichten usw.).

---

[16] Emma Brunner-Traut: Altägyptische Märchen, S. 9

Diese evolutionäre Entwicklung begann mit einzelnen Geschichten. Im weiteren Verlauf der Humanevolution sammelten sich in Verbindung mit der Befähigung zur Selbststeuerung die dafür entscheidenden Geschichten an.

Als der Grundlage der vollgültigen Selbststeuerung entstand daraus zuletzt eine die menschliche Existenz umfassende Systematik an Geschichten zum Zweck von Sprache, Didaktik, Kultur incl. Moral und Rechtsauffassung. Diese Systematik ist der ursprüngliche Sachverhalt von >Mythologie< (bis zum Ende der Eiszeit).

„Sprache ist in Mythen begründet (Mythos heißt in seiner ersten Bedeutung das Wort), und der Mythos umfasst noch beides, den Primär- wie den Sekundärvorgang, die Vergangenheit wie die Zukunft, die Emotionalität und das rationale Erklärungsbedürfnis." [17]

In der Tat: „Am Anfang war das Wort" = der *logos* = der *Mytho-Logos* (man beachte die Verbindung *Wort* = dän. *ord* = lat. *ordo – Ord*nung!). Die Mythologie als die erzählte Form der sprachlichen Organisation war in der humanevolutionären Entwicklung die didaktisch und als Sprache in Worten und Begriffen aufbereitete *Essenz* der Kultur- und Lebenserfahrung wie der Selbst- und Menschenkenntnis (>erkenne Dich selbst<).

Durch die Mythologie wurde der Mensch diskursiv, bewusst, *Subjekt, Kommunikations-* und *Kulturwesen.* Durch die Mythologie als dialogisches Verhältnis zu den Kindern lernte sich der Mensch in seiner Bewusstseins-Entwicklung, in seinen emotionalen Bedürfnissen, in seinen Lernformen und Wahrnehmungen kennen und begreifen. Durch die Mythologie lernte sich der (Vor- und frühe) Mensch als *Mensch* verstehen, und so verstanden war die Mythologie in der Tat die Grundlage für das damalige Hinauskommen des Menschen über die Tierstufe. Dieses war freilich nur mit einer ganz bestimmten Mythologie und nur einem aufgeklärten Verhältnis zu ihr als Erwachsener möglich.

---

[17] Wolfgang Schmidbauer: Wie Gruppen uns verändern, S. 149

Das, was die **humanevolutionär entwickelte Sprache** von der hominiden Sprache **aus bloß Vokabular und Grammatik** im Entscheidenden **unterscheidet,** ist >die **Mythologie**<.

„Erfahrung und Handeln sind nicht möglich, wenn sie nicht ikonisch organisiert sind. Die >Speicherung im Gehirn< von allem, was lebendig ist, muss ikonisch erfolgen. Es ist dies die endgültige Form der Speicherung […].“ [18]

„Der heutige Mensch misst seiner Fähigkeit zu abstraktem Denken zu viel Bedeutung bei. Zwar verdanken wir dieser Fähigkeit einige nützliche Arbeitsmethoden, doch sind wir für ein wirkliches Verständnis abstrakter Gedanken auf einen reichhaltigen Vorrat von Bildern aus dem realen Leben angewiesen. Könnten wir nicht auf diese Erfahrungen zurückgreifen, blieben die abstrakten Gedanken trockene, leblose Wortaneinanderreihungen, die in uns keine lebendigen Vorstellungen wecken.“ [19]

Dieser Komplex ist auch für das Verständnis von Kommunikation von entscheidender Bedeutung.

„Geschichten treiben uns um, nicht Fakten. Geschichten enthalten Fakten, aber diese Fakten verhalten sich zu den Geschichten wie das Skelett zum ganzen Menschen. Wer glaubt, beim Lernen gehe es darum, Fakten zu büffeln, der liegt völlig falsch; Einzelheiten machen nur im Zusammenhang Sinn, und es ist dieser Zusammenhang und dieser Sinn, der die Einzelheiten interessant macht. Und nur dann, wenn die Fakten in diesem Sinne interessant sind, werden wir sie auch behalten.“ [20]

---

[18] Oliver Sacks: Der Mann, der seine Frau, S. 199
[19] John McCrone: Als der Affe sprechen lernte, S. 152
[20] Der Neurowissenschaftler: Manfred Spitzer: Lernen, S. 35

Ganz entsprechend der humanevolutionären Weiterentwicklung von Sprache und Kommunikation formuliert Moeller als eine seiner >Fünf goldenen Erkenntnisse< (➔ S. 76):

„Ich möchte in unserer Beziehung lernen, mich in konkreten Erlebnissen und nicht in Begriffen zu erläutern, weil Bilder und Geschichten erst wirklich tief gehend und umfassend wiedergeben können, wer ich bin – und wer Du bist." [21]

Es geht bei den Geschichten nicht um Fabulieren und irgendwelche Anekdoten. Es können sehr wohl Bilder und Geschichten von seinem Urlaub sein – entscheidend ist, ob, was und in welchem Maß darin etwas von der *spezifischen* >Persönlichkeit< des/der Erzähler/in zum Ausdruck kommt.

Es geht bei diesen Geschichten darum, dass die neuartige neurologische Struktur, die mit der humanevolutionären Ablösung von der genetischen Verhaltenssteuerung und der Befähigung zur Selbststeuerung entstanden ist, nur über die Ebene von >symbolischen<, d.h. **neuropsychologischen** Geschichten erschlossen werden kann. Erst damit wird die Ebene der >Persönlichkeit< erlangt und sowohl *für sich selbst* als auch für andere erreichbar. Erst damit entwickelt man die Fähigkeit zu Selbststeuerung, zu Kommunikation und zu dem menschlich Eigentlichen an Beziehung.

Eine volle Kommunikation wird erst da erreicht, wo sie die gesamte *allgemeine* menschliche Existenz umfasst. Dies ist auch die Voraussetzung von Kultur – die „Steinzeitmenschen" waren bis zum Ende der Eiszeit dazu in der Lage - anders lässt sich die Humanevolution und das dauerhafte Sozialleben des Homo sapiens über Jahrzehntausende nicht erklären.

Die kommunikativen Probleme kamen erst am Ende der Eiszeit in den gigantischen Naturkatastrophen auf (s.u.).

---

[21] Michael Lukas Moeller: Die Liebe ist das Kind der Freiheit, S. 16

Zur ursprünglichen Schulung von Sprache, Kommunikation und Kultur

Von den neurologischen Zusammenhängen war der Erwerb der Selbststeuerung und einer wirklichen Beherrschung von Sprache und Kommunikation erst mit dem Aufkommen der Geschlechtsreife als dem Abschluss der kindlichen Sozialisations-Entwicklung zu erlangen. Die menschliche Pubertät erklärt sich nicht eigentlich aus der aufkommenden Geschlechtsreife, sondern daraus, dass es infolge entsprechender Auseinandersetzungen in der humanevolutionären Entwicklung mit der Geschlechtsreife zu einem neuen Moratorium vor der nun eigentlichen Erwachsenheit kam.

Dieses besondere Moratorium ist zuerst so etwas wie ein Fahrschul-Unterricht und ein geschützter Raum für Fahr-Übungen in der Ablösung von dem Über-Ich der Bestimmung durch die Erwachsenen und dem Es der genetischen Verhaltenssteuerung. Dieses Moratorium war in seiner vollen Länge von der Geschlechtsreife bis zur Erwachsenheit (was ursprünglich jedoch nicht so lange wie heute dauerte) auf den Erwerb seiner vollen Selbststeuerung und einer hinreichenden Befähigung zu Kommunikation ausgelegt, insbesondere im Geschlechterverhältnis insbesondere in Sachen Eros, Liebe und Beziehung. Denn dies liegt im Zentrum der biologischen Verhaltenssteuerung, was entsprechend am schwierigsten in der Selbststeuerung erschlossen werden kann.

Dieser >Fahrschul-Unterricht< und die >Fahr-Übungen im geschützten Raum< ist in dem ethnologischen Bestand als >Jugend-Initiation< bekannt, wenngleich zumeist in verkürzten und/oder auch oft in pervertierten Formen. Es ist jedoch von den heutigen neurologischen und psychologischen Einsichten her klar, worum es dabei im Ursprünglichen ging.

44

Neben den Dimensionen der Selbststeuerung mit aller Liebes- und Konflikt-Fähigkeit im Beziehungs- und Sozialleben spielte dabei der Erwerb der Beherrschung von Sprache und Kommunikation die zentrale Rolle.

Dies verknüpfte sich mit zwei Dimensionen:

- zum einen mit dem Verstehen, was es in der gemeinschaftlichen Kommunikation an Bildern, Geschichten und Vokabular braucht; wie die bestehenden Bilder, Geschichte und sein Vokabular genau zu verstehen sind und wie dies in seinem Begriffs-System organisiert ist;

- zum anderen mit dem Verstehen, dass die neuropsychogrammatischen Bilder, Geschichten und Wörter keine Informationen über die (äußere) >Realität< waren, sondern *Bilder, Geschichten* und *Wörter*: *Sprache*: eine neurologische Funktion zwecks Selbststeuerung, Kommunikation und Kultur.

Dies scheint von je her mit Formen von Trance und einer nicht-sprachlichen Meditation verbunden gewesen zu sein (s.u.), um sich von den sprachlichen Verinnerlichungen seit der frühesten Kleinkind-Stufe zu lösen: von den Automatismen der >inneren Wortmaschine< und den Vorstellungen und Identifikationen mit Rollen der Bilder und Geschichten der Kindheit.

Die mythologischen Geschichten dienten der Entwicklung der kindlichen Bewusstseins-Entwicklung und darüber der Ausbildung des kulturell notwendigen Vokabulars. Wir brauchen für unsere Selbststeuerung, Kultur und Kommunikation Bilder und Geschichten. Doch handelt es sich **hierbei** um eine Entsprechung unserer neurologischen Struktur und nicht um Gegebenheiten der äußeren Realität. Als Kind lässt sich dies nicht sicher unterscheiden. Wegen der Selbststeuerung ist der Mensch auf der Erwachsenen-Ebene von einer entsprechenden Sprach-Beherrschung abhängig, was auch eine sichere Unterscheidung zwischen Sprache und Realität voraussetzt.

Die zentrale Darstellung der Höhle von Lascaux (F) [22] deutet mit der Figur und dem Vogel auf Trance. Vgl. dazu:

„Die Höhle: Der Schoss der Buddhas
[...] Die beschriebene Höhle heißt Dorje Drubphuk (>unzerstörbare Meditations-Höhle<). [...]. Dorje Drubphuk könnte jede der zahlreichen Höhlen in den Tälern von Tibet sein. Selbst kleine Täler rühmen sich, eine Guru-Rinpoche-Höhle zu besitzen. Für den Yogi, der dort in Buddhas visionärem Reich lebt, ist eine solche Höhle der Ort, der seine Meditationspraxis unterstützt, ein Ort, der förderlich ist für die Erlangung von spiritueller Verwirklichung und Macht. Für den Laien und Gläubigen, der aus einem profanen Milieu stammt, ist sie ein Fenster in das Reich der Vision." [23]

---

[22] Nachzeichnung. S. dazu Fotos z.B. in: Mario Ruspoli: Die Höhlenmalerei von Lascaux, insbesondere S. 149
[23] Keith Dowman: Geheimes, heiliges Tibet, S. 230

46

Zu der Entstehung der systematischen Kommunikations-Probleme

Die bestehenden kommunikativen Probleme sind nicht bloß als einzelne Missgeschicke zu begreifen, die schon mal wie Auto-unfälle bei einer ansonsten fähigen Fahrpraxis passieren. Eine solche Auffassung gehört bereits zu der bestehenden Kultur der kommunikativen Defizite, die nicht mehr erfasst, was Kommunikation in menschlicher Hinsicht eigentlich bedeutet.

Wohl lässt sich Rosenbergs Konzeption der >Gewaltfreien Kommunikation< überaus sinnvoll zum Einsatz bringen, wenn man mal in besonders unglückliche Kommunikationsprobleme geraten ist, etwa wenn man in einer Paar-Beziehung oder in einer wirtschaftlich-ökonomischen Zusammenarbeit vor ein Aus gerät. Dies wäre das Gebiet der Mediation.

Doch an sich ist Rosenbergs Konzeption der >Gewaltfreien Kommunikation< nicht als finale Politur einer schon guten kommunikativen Praxis zu sehen. Dass es dabei zu dem Begriff der >Gewaltfreien< oder eigentlich >non-violent< = >nicht-verletzenden Kommunikation< gekommen ist, hat vielmehr mit der Einsicht zu tun, dass die gängige „Kommunikation" mit Kommando und Gewalt in Verbindung steht. Tatsächlich ergab sich die gängige Praxis an Kommunikation historisch aus der Entwicklung von Herrschaftsverhältnissen - was wir ohne eine entsprechende Aufarbeitung beständig reproduzieren, sogar auch im Selbst- und im privaten Beziehungsverhältnis.

Wie ist das genauer zu verstehen? Wie kam es eigentlich angesichts der zentralen Bedeutung von Kommunikation für die menschliche Existenz zu unserer Kultur der kommunikativen Störung? Kann demgegenüber die Konzeption der >Gewaltfreien Kommunikation< ihr Versprechen einlösen?

Im Folgenden sollen einige Gesichtspunkte im Kontext der historischen Entwicklung herausgearbeitet werden, um besser verständlich zu machen, auf welchen Grundlagen unser tradiertes Verständnis von >Kommunikation< basiert und in welchem historischen Kontext wir uns mit unseren eigentlichen Bemühungen um Kommunikation bewegen.

Diese Perspektive kann aufzeigen, in welchen Schwierigkeiten wir uns von der Tradition her häufig in Bezug auf die von uns gewünschte Kommunikation befinden – und in welchen Aspekten uns die Konzeption der >Gewaltfreien Kommunikation< bei der Bewältigung dieser Schwierigkeiten helfen kann.

Die >lebensentfremdende Kommunikation<

Für die Kennzeichnung des Negativen, das die Konzeption der >Gewaltfreien Kommunikation< überwinden soll, benutzt M.B. Rosenberg die Bezeichnung >lebensentfremdende Kommunikation<.

Bevor hier nach den Ursprüngen der >lebensentfremdenden Kommunikation< gefragt werden soll, soll erst einmal in den Blick gefasst werden, was M.B. Rosenberg darunter versteht. In einer Passage seines Grundlagen-Buchs >Gewaltfreie Kommunikation< beschreibt er diese folgendermaßen:

„Lebensentfremdende Kommunikation vernebelt unsere Wahrnehmung darüber, dass jeder von uns verantwortlich für seine eigenen Gedanken, Gefühle und Handlungen ist. Der Gebrauch des weit verbreiteten Wortes >müssen<, wie z.B. in: >Es gibt Dinge, die man tun muss, ob es einem gefällt oder nicht<, macht deutlich, wie die persönliche Verantwortung für unsere Handlungen mit solchen Sprachwendungen verschleiert wird.

In ihrem Buch >Eichmann in Jerusalem<, das den Kriegsverbrecherprozess gegen den Nazi-Funktionär Adolf Eichmann dokumentiert, zitiert Hanna Arendt Eichmann mit der Aussage, dass er und seine Offizierskollegen einen eigenen Namen für die Verantwortlichkeit leugnende Sprache hatten, derer sie sich bedienten. Sie nannten sie >Amtssprache<. Wenn sie z.B. gefragt wurden, warum sie etwas Bestimmtes getan hatten, konnten sie sagen: >Das musste ich tun< Wenn nachgefragt wurde, warum sie >mussten<, lautete die Antwort: >Befehl von oben<, >Firmenpolitik<, >So waren die Gesetze<.

Wir leugnen die Verantwortung für unsere Handlungen, wenn wir ihre Ursache folgenden Gründen zuschreiben:

- Vage, unpersönliche Mächte: >Ich habe mein Zimmer sauber gemacht, weil ich es tun musste.<
- Unser Zustand, eine Diagnose, die persönliche oder psychologische Geschichte: >Ich trinke, weil ich Alkoholiker bin.<
- Die Handlungen anderer: >Ich habe mein Kind geschlagen, weil es auf die Straße gelaufen ist.<

- Das Diktat einer Autorität: >Ich habe den Klienten angelogen, weil der Chef es mir befohlen hat.<
- Gruppendruck: >Ich habe mit dem Rauchen angefangen, weil alle meine Freunde rauchen.<

- Institutionelle Politik, Regeln und Vorschriften: >Für diesen Verstoß muss ich dich von der Schule verweisen – so sind die Vorschriften.<
- Geschlechterrollen, soziale Rollen oder Altersrollen: >Ich hasse es, zur Arbeit zu gehen, aber ich muss es tun, ich bin Ehemann und Vater.<

- Unkontrollierbare Impulse: >Ich wurde von meinem Verlangen überwältigt, den Schokoriegel zu essen.<
[…]

Wir sind gefährlich, wenn wir uns der Eigenverantwortung für unser Verhalten, Denken und Fühlen nicht bewusst sind." [24]

„Lebensentfremdende Kommunikation wird auch mit der Vorstellung in Verbindung gebracht, dass bestimmte Handlungen Lob und andere Strafen verdienen. Dieses Denken findet seinen Ausdruck in dem Wort >verdienen<, z.B. in: >Für das, was er getan hat, verdient er eine Strafe<." [25]

---

[24] M. B. Rosenberg: Gewaltfreie Kommunikation, S. 38 - 40
[25] M. B. Rosenberg: Gewaltfreie Kommunikation, S. 41

Diese Beispiele zeigen schon, dass die >lebensentfremdende Kommunikation< nicht als einzelne unglückliche Autounfälle in einer ansonsten guten Verkehrskultur begriffen werden kann.

Rosenberg erklärt das Aufkommen der >lebensentfremdenden Kommunikation< wie folgt:

„Lebensentfremdende Kommunikation rührt von hierarchischen Gesellschaften her, deren Funktionieren von einer großen Anzahl schwacher, unterwürfiger Bürger abhängt – gleichzeitig fördert lebensentfremdende Kommunikation diese Hierarchien." [26]

Rosenberg verweist hier auf den zentralen Zusammenhang. Tatsächlich deuten bestimmte Mentalitäten als Ursache der kommunikativen Probleme auf eine ungebrochene Traditionslinie mit Kommando (auch als „Erziehung") wie auch >Gehorsamsbereitschaft< (Milgram) etwa aus dem Feudalismus, auch wenn dies heute mit >demokratisch<, >mündig< und >emanzipiert< etikettiert ist. [27] Freilich sind diese Muster nicht erst im Mittelalter entstanden, sondern in erster Vorform am Ende der Eiszeit vor ca. 13.000 Jahren. Doch als Erklärung für die **historische Ursache** der >lebensentfremdenden Kommunikation< kommt Rosenbergs Annahme **nicht** in Betracht, und dies ist in politisch und kultureller Hinsicht durchaus von Bedeutung.

---

[26] Marshall B. Rosenberg: Gewaltfreie Kommunikation, S. 42

[27] Interessant in diesem Zusammenhang ist etwa das von Baudissin geschneiderte Konzept des >Bürgers mit und ohne Uniform< für die damals neue Bundeswehr, das in Wirklichkeit auf einer *totalitären* Auffassung einer Gesellschaft aus >Soldaten mit und ohne Uniform< basiert. Z.B.: „Man anerkannte zu wenig, dass der moderne Krieg nicht nur mit Soldaten und Waffen, sondern vom ganzen Volk und mit geistigen Einsätzen geführt werden muss." (S. 60 f.). Usw. Wohl treffen diese Fakten zu, doch nimmt er sie in Orwellscher Logik auf. In: Wolf Graf von Baudissin: „Nie wieder Sieg!" [*nicht etwa* >Nie wieder Krieg<].

Die gigantischen Naturkatastrophen am Ende der Eiszeit

Alles in allem ergibt sich aus vielen Zusammenhängen, dass die kommunikativen Probleme von uns Homo sapiens in ihrem *Ursprung* auf die Notstandsprobleme zurückgehen, die von den gigantischen Naturumbrüchen und -Katastrophen am Ende der Eiszeit über die Welt verbreitet aufgeworfen wurden.

Zu diesen Naturumbrüchen ist zu sagen:

> „Dieser grundlegende Klimawechsel, der für viele Pflanzenfresser das Aussterben bedeutete, betraf auch den Menschen." [28]

> „Die letzten 5.000 Jahre der Eiszeit waren eine Periode von Klimaveränderungen geradezu apokalyptischen Ausmaßes, die alles übertrafen, was uns heute bekannt ist." [29]

Besonders gravierend wirkte sich dieser wahrhaft geologische Umbruch vom Pleistozän auf das Holozän in den fragilen und komplizierten Verhältnissen des Nahen Ostens aus. Es kam hier zu drastischen Versorgungsproblemen wie sonst nirgends auf der Welt:

> „In den Skeletten finden sich Indizien für Minderversorgung, womöglich durch Vitamin- und Eiweißmangel oder schlichten Hunger. Und die Menschen schrumpften. >Wir sehen

---

[28] W. von Koenigswald & J. Hahn: Jagdtiere und Jäger der Eiszeit, S. 92 f.

[29] Brian Fagan: Die Eiszeit – Leben und Überleben im letzten großen Klimawandel, S. 131

eine drastische Reduktion der Körpergröße<, sagt der Paläo-
anthropologe Jean-Jacques Hubling vom Leipziger Max-
Planck-Institut für evolutionäre Anthropologie. >In der Über-
gangsphase waren die Leute schlecht ernährt.<" [30]

„In den Anfangszeiten der Landwirtschaft im Nahen Osten
sank die Durchschnittsgröße der Menschen um fünfzehn Zen-
timeter." [31]   [*satte 15 cm!*]

Im Unterschied zu vielen höheren Tierarten gelang es dem Menschen wohl zu überleben, doch verbreitet auch nicht viel mehr.

Die Verbände wurden in guten Teilen mit Problemen in der
Überlebensbesorgung in einem Ausmaß konfrontiert, dass für
das Erlernen von Kultur, Persönlichkeit, Sprache und Kommunikation nicht mehr der menschlich notwendige Raum blieb.
Das belegt sich u.a. an dem Verfall und den fundamentalen Um-
bildungen der >Jugend-Initiation<, die in der humanevolutionär
entwickelten Kultur des Homo sapiens das Zentrum der Ausbildung von Selbststeuerung und der Beherrschung von Sprache
und Kommunikation waren.

Dies sollte angesichts der menschlichen Anlage sehr schnell Folgen zeitigen.

---

[30] Ulrich Bahnsen: Der Treck nach Westen, in: Die *Zeit* Nr. 30, 20. Juli
2006, S. 25 f.
[31] Bill Bryson: Eine kurze Geschichte der alltäglichen Dinge, S. 57

Zur Entstehung der historischen Sprach-Entwicklung

„Die Feingliederung der Sprachen, mit der wir heute leben, geht in ihren Anfängen auf die Periode der letzten Eiszeit zurück (vor ca. 12.000 Jahren). [...] Die formativen Prozesse aller bekannten Sprachfamilien sind nicht älter als ca. 10.000 bis 12.000 Jahre." [32]

Diese Einschätzung des Sprachforschers Harald Haarmann entspricht in etwa in etwa meinen Ergebnissen. Die uns bekannten Sprach-Konzeptionen sind grundlegend anderer Art als die humanevolutionär entwickelte Sprache des Homo sapiens bis zum Ende der Eiszeit. [33]

Wenngleich die neuartige Sprach-Entwicklung, die sich am Ende der Eiszeit offenbar vom Nahen Osten mit der neuen historischen Kultur-Entwicklung zuerst als >Mebuntu< (als Mutter vieler Sprachfamilien) verbreitete, [34] auch einige positive Effekte für die historische Entwicklung hatte, so erklärt sie sich doch als Niederschlag des damaligen Verlusts an Beherrschung von Kommunikation und an Teilen von Sprache.

Man fand unter den Anforderungen der gigantischen Naturkatastrophen am Ende der Eiszeit einfach nicht mehr hinreichend Zeit und Raum für die Schulungen und Übungen für das Erlernen von Kommunikation und dem, was erst eine wirkliche Be-

---

[32] Harald Haarmann: Weltgeschichte der Sprache, S. 127
[33] s. dazu mein Sprachwerk *Cûl Tura,* vor allem Band 1
[34] s. dazu mein sprachgeschichtliches Werk >Mebuntu< (vgl. dazu die alte als >Nostratisch< bezeichnete Konzeption)

herrschung von Sprache ausmacht, insbesondere in dem diesbezüglich entscheidenden Bereich der so genannten >Jugend-Initiation<. Es kam hier zu einer deutlichen Verkümmerung bis hin zum Ausfall der >Jugend-Initiation< wie auch zu einer verdrehten Praxis an Initiation (Subordination, Krieger-Initiation usw.) kam, wie es sich etwa in dem Aufkommen der >männlichen Beschneidung< zeigt.

Wie gesagt war die eiszeitliche Sprache des Homo sapiens vollkommen anders angelegt. Die Sprachform aus lediglich Vokabular und Grammatik, wie es die historische Sprach-Entwicklung kennzeichnet, kann bei uns Homo sapiens mitnichten als ursprünglich und natürlich begriffen werden. Es handelt sich soweit vielmehr um die Sprach-Ebene der Hominiden, die in der humanevolutionären Entwicklung lediglich die Ausgangsbasis stellte. Diese Sprachform verknüpft sich neurologisch mit der Ebene von Produktion und Dienstleistung, und damit wird auch schon das Gesetz der historischen Entwicklung deutlich. Dies hat wohl hier und da auch mit Fortschritt zu tun, doch weit mehr mit dem Mangel an Sprach-Beherrschung. (Das Problem von Herrschaft kommt hier nur sekundär hinzu, verfestigt dies jedoch).

Wie schon ausgeführt, übernahm wohl die humanevolutionäre Entwicklung diese hominide Ebene von Produktion und Dienstleistung, doch spielte sie in der Humanevolution gegenüber der Entwicklung von Kultur als der fähigen Gestaltung seines Sozial- und Beziehungslebens nur eine untergeordnete Rolle. Die Ebene von Vokabular und Grammatik wurde in der humanevolutionären Entwicklung zur Oberflächenstruktur von Sprache (Chomsky): zu der Form, wie wir Sprache *handhaben.*

Das Eigentliche von Sprache lag in der in der ursprünglichen >Mythologie< als der integrierten Gesamtkonzeption in Entsprechung einer sozial fähigen Selbststeuerung. Dieser Sinn der ursprünglichen Mythologie wurde jedoch nicht mehr wirklich verstanden und mit fatalen Folgen wirr und verdreht.

Zu der Begründung des historischen Fortschritts

Dass die damaligen Entwicklungen nicht im bloßen Chaos endeten, sondern in der Bewältigung dieser so weitreichenden Krise sogar die historische Entwicklung begründete, verdankt sich der nahöstlichen Mesolithischen Revolution grob vor etwa 13.000 Jahren.

Anders als bei der erst späteren Neolithischen Revolution verknüpft sich die Mesolithische Revolution nicht mit der Entwicklung der Nahrungsproduktion. Sie verknüpft sich vielmehr mit der Begründung einer übergeordneten institutionellen Sozialorganisation, die eine Anzahl der ursprünglichen kleinen Verbände aus meist ein bis zwei Dutzend Erwachsenen zusammenschloss. Dies war gleichzeitig mit einer neuen Sprach- und Kultur-Konzeption verbunden.

Auf dieser neuen Grundlage – die Geschichte machen sollte – war es damals möglich, das Problem der Kämpfe um Ressourcen zu lösen, und darüber hinaus, Ressourcen in einem völlig neuen Ausmaß zu besorgen und zu verteilen. Hier liegen die Ursprünge von Staat und der Systematik von Ökonomie, Handel und Produktion. Der Schritt zur Nahrungsproduktion kam erst aufgrund des Bevölkerungswachstums einige Zeit später dazu.

Es zeigt sich jedoch von den sprachlichen und kulturellen Grundlagen her, dass es sich hierbei nicht um organische und natürliche Weiterentwicklungen der eiszeitlichen Kultur und Sprache HS handelte. Ohne Notstandsprobleme, ohne den Verlust der Beherrschung von Sprache und Kommunikation und ohne die neue institutionelle Sozialorganisation wäre diese Entwicklung in dieser Form so nicht entstanden.

In der humanevolutionär entwickelten Sprache HS waren Vokabular, Mythologie, Kultur, Recht und Soziales absolut aufeinander abgestimmt. In ihr steckte schon in der – auf die Bewusstseins-Entwicklung der Kinder abgestellten – Technik an Wortbildungen eine kulturelle Konzeption incl. >Utopie< (>Mythologie<) und Ziel-Vorstellung.

Sie stellte ein auf die Anforderungen des Lebens, der Bedürfnisse des Individuums und der sozialen Koordination ausgelegtes Vokabular und Begriffssystem. Mit dieser auf die kommunikativen Prozesse ausgelegten Sprache, in der die Vokabeln wie >Gerechtigkeit< und >Freiheit< ebenso wirksam handhabbar waren wie >Essen< und >Hütte<, war diese in sich selbst gleichzeitig auch seine Kultur-Anlage und Rechts-Verfassung. Genau damit stellte sie in all den Wechseln der Naturverhältnisse in der Zeit und seiner Standorte die Stabilität für ein gutes und fähiges Sozialleben über Jahrzehntausende.

Doch was bis hierhin die großartige Leitung der humanevolutionär entwickelten Sprache HS war, wurde unter den gewaltigen Notstandsproblemen am Ende der Eiszeit zu dem Problem. Ihre Konzeption und ihre Wirkung auf die Sozialisation und Sozialprozesse leistete nicht das, was hier gebraucht wurde. Man hatte hier nicht die Zeit für eine zureichende Schulung in der Jugend-Initiation, und sie stand in vielem in ihrer Ausrichtung und Rechtsauffassung im Widerspruch zu dem, was hier akut für die Lösungen notwendig war.

So kam es im Bruch mit der humanevolutionär entwickelten Kultur und Sprache zur Mesolithischen Revolution (auch im engeren Sinn). Sie konstituierte mit ihrer neuartigen Organisation eine neue Verfassung, ein neues Rechtssystem und eine neue Sprach-Konzeption – im *Prinzip* genau so, wie wir es heute (immer noch) kennen. Genau darin lagen auch die entscheidenden Momente, die die historische Entwicklung bis heute begründen und fördern sollten.

Diese Zusammenhänge zwischen Sprache und Organisation machen diese Prozesse, die materiell und somit archäologisch nicht direkt fassbar werden, greifbar. Denn ohne eine neue Sprach-Konzeption wäre die neue organisatorische Entwicklung gar nicht möglich geworden. Umgekehrt brauchte die neue organisatorische Entwicklung auch eine neue Sprach-Konzeption: die neue organisatorische und die neue Sprach-Entwicklung gingen Hand in Hand einher.

Erst die Aufspaltung der Sprache in einerseits Mythologie und andererseits in den Bereich von Vokabular und Grammatik machte die neue Entwicklung möglich. Erst sie erlaubte die Ablösung von der eiszeitlichen Kulturform und das neuartige Potential der Sozialorganisation der Mesolithischen Revolution.

Daraus entstand die historisch neue Sprach-Konzeption, die sich (als >Mebuntu<) von dem übergreifenden Stämme-Rechts-Bund mit seinem Zentrum in Göbekli Tepe (Türkei – Grenze Syrien) weit über die Welt verbreitete und so zur Grundlage vieler Sprachfamilien wurde.

Durch diese Trennung verlor die Mythologie ihre eigentliche Funktion für den strukturellen Zusammenhalt der Sprache, die jedoch in der Krise am Ende der Eiszeit nicht mehr zureichend funktionierte. Dass es bald zu einer wahrhaft >babylonischen Sprachverwirrung< mit Tausenden von Sprachen kam, hat in der neuen grundlegenden Ablösung von der Mythologie ihre Ursache. Die Anlage von Sprache allein in Vokabular und Grammatik erlaubte wohl problemlos neue technische und soziale Entwicklungen, aber jede Kultur nahm hier ihre eigene Entwicklung auf, was sich in der Masse an Sprachen niederschlug. Ohne Mythologie verlor sich die Definitionsgrundlage für den genaueren Inhalt seiner Wörter. Was nun >Gerechtigkeit< sozial genau bedeutet, ließ sich in dieser Linie seitdem gesellschaftlich nicht mehr klären.

Mit der Abspaltung der Mythologie als dem Inneren und dem semantischen Zusammenhalt von Sprache wurde die Mythologie frei für den Gebrauch der neuen Sozialorganisation.

Diese erste neue Sozialmythologie ist in der Konzeption der >Stamm-Ahnen< bekannt. In ihr werden die ursprünglich reinen Sprachfiguren wie etwa >Frau Holle< und der >Ur-Vater< (wie etwa *JuPiter* oder *UrA^{h}n^{os}*) in Vermischung mit realen Vorfahren zu den auch wortwörtlich verstandenen >Stamm-Ahnen< in der Art von >Adam & Eva< umgedeutet.

Diese Vermischung, die sich möglicherweise schon mangels Sprachbeherrschung angebahnt hatte, war für die neue Organisation absolut konstitutiv. Die ursprüngliche mit diesen Sprachfiguren verbundene *globale* Kultur- und Rechts-Verfassung der humanevolutionär entwickelten Sprache des Homo sapiens wurde damit auf seine - *eigenen!* - Stamm-Ahnen übertragen. Damit verkörperten sie die Autorität der Stammes-Gesetze, die Gebietsansprüche seines Stamms wie die Autorität seiner Stammes-Führer in Organisation und Rechtsprechung. Umgekehrt erhielten die realen Vorfahren als >Stamm-Ahnen< erst durch die Vermischung mit den mythologischen Sprachfiguren ihre eigentliche, götterähnliche Autorität. Tatsächlich stiegen sie mit dem Neolithikum auch zu >Göttern< auf. So wird etwa der Name des keltischen Gottes *Teutates* als > Vater des Stammes< gedeutet. [35]

Der historische Fortschritt resultiert aus der mesolithischen Sozialorganisation. Sie stellte das neue Potential, das erst durch die die kleinen ursprünglichen Verbände aus meist 1 – 2 Dutzend Erwachsenen übergeordneten Größenordnungen historische Effekte erreichen konnte. Nicht Momente an Nahrungsproduktion, die bei den kleinen Gruppen gar keine übergeordnete Wirkung erzielte, sondern diese organisierte Größenordnung, die dann auch in Bezug auf die Nahrungsproduktion wirksam wurde, war das historisch Neue.

Auf jeden Fall war der neue mittelmesolithische Stämme-Rechts-Bund (mit seinem Zentrum in Göbekli Tepe), mit dem sich (samt der neuen Sprach-Konzeption) die neue nahöstliche Stämme-Konzeption über die Welt verbreitete, zunächst demo-

---

[35] Sylvia & Paul F. Botheroyd: Lexikon der keltischen Mythologie, S. 405

kratisch angelegt. Anders hätte er weder entstehen noch sich in dieser Ausdehnung verbreiten können. Die Stämme waren über ihren Vertreter an der übergeordneten Organisation beteiligt, mit der sich die Konflikte um Gebiete und Ressourcen lösen und ggf. in neuer Form Ressourcen besorgen und verteilen ließen. Australien ist in gewisser Weise ein Beispiel dafür, wie sich auf dieser Basis ein ganzer Kontinent dauerhaft über Jahrtausende koordinieren ließ, wenngleich es auch dort dabei zu autoritären Strukturen kam.

Doch so sehr die neue mesolithische Sozialorganisation (die wie in Göbekli Tepe hinter der Megalith-Kultur mit Stonehenge und den Pyramiden usw. stand) dazu geeignet war, die materiellen Probleme des zuerst von den Naturkatastrophen aufgeworfenen Notstands zu beheben und weiteren materiell-technologischen Fortschritt zu entwickeln, so war sie doch von vorneherein nicht das Produkt einer gemeinschaftlichen Kommunikation. Sie wurde in dem allgemeinen Chaos im sozialen Engagement von einer Elite geschaffen, um das Chaos zu bewältigen, und dies gelang von Anfang an nur so weit demokratisch und mit sozialem Erfolg, wie noch insgesamt Fähigkeiten zu Kommunikation und einer wirklichen Sprach-Beherrschung bestanden.

Je weniger dies der Fall war, desto schneller kam es sozial intern und extern zu Konflikten und Kämpfen, und desto stärker bildeten sich umgekehrt Herrschafts-Verhältnisse und soziale Hierarchien auf einer jeglicher Diskussion entzogenen Sozialverfassung heraus. Diese neuen Grundlagen waren durchweg absolutistisch. In dieser Hinsicht ist in Bezug auf die historische Entwicklung festzustellen:

„[...] andererseits sind sich die Wissenschaftler heute darüber einig, dass es sich bei den ältesten Stadtzentren um zeremonielle Komplexe handelte. P. Wheatly hat die religiöse Intention und Funktion der ersten Städte in China, Mesopotamien, Ägypten, Mittelamerika usw. überzeugend bewiesen. Die ältesten Städte wurden im Umkreis von Heiligtümern erbaut, d.h. in der Nähe einer heiligen Stätte, eines >Weltmit-

telpunktes<, an dem man die Kommunikation zwischen Erde, Himmel und Unterwelt für möglich hielt. " [36]

„Dabei scheint es Allgemeingut der Kulturen zu sein, dass Staat und Gesellschaft religiös fundiert sind, d.h., ihre Ordnungen gelten nicht als etwas von Menschen zu einem bestimmten Zweck Geschaffenes, sondern als >Satzungen< vorgegebener und heiliger Art: sie sind ein Stück Religion. " [37]

Doch trifft dies erst für die historische Entwicklung zu. Die ursprüngliche Mythologie hat als solche nichts mit Religion zu tun. Es ging in ihr, wie beschrieben, um die neuropsychogrammatische Grundlage zwecks Steuerung seiner Verhaltensanlage und damit um die Basis von Kommunikation und Kultur. Die humanevolutionäre Entwicklung und Kultur des Homo sapiens erklärt sich allein durch gemeinschaftliche Kommunikation.

Die historische Sozialmythologie wurde hingegen zu dem Zweck seiner Sozialorganisation geschaffen. Sie entstand zuerst aus der nicht mehr wirklich verstandenen ursprünglichen Mythologie und dann aus >Vorstellungen< der Bevölkerung, wie es gerade für den Zweck seiner Sozialorganisation brauchbar war. Man muss dies nicht als >Religion< verstehen. Doch zeigt sich, dass dies historisch bis in die heutige Wissenschaft hinein durcheinandergeworfen wird.

So kam es frühgeschichtlich zunächst zu einem neuartigen >Geister-Kult<. In Form dieser – in Felsmalereien dargestellten - Geister-Kulte ließen sich (auch mit dem Gebrauch von Masken) bestimmte Tabus sichern und seine Geheim-Dienste tarnen, die unliebsame Personen zwecks Bestrafungen überfielen oder auch gänzlich „aus dem Verkehr zogen". Ab dem Neolithikum erhielten die Kulte auch positive Funktionen, wo deren >Magien< für die eigenen Vorstellungen besonders förderlich erschienen.

---

[36] Mircea Eliade: Geschichte religiöser Ideen, Band I, S. 123 f.
[37] Eberhard Otto, in: Saeculum Weltgeschichte, Band 1, S. 10

 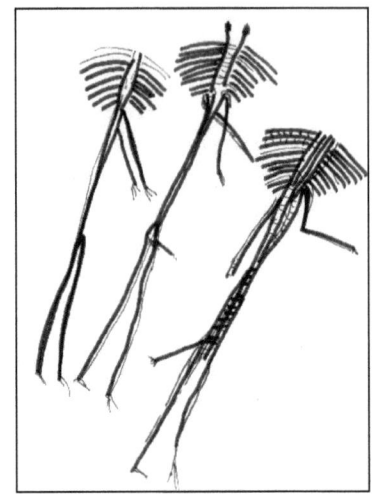

Nachzeichnungen: *links Australien: ein Mimi-Geister-Paar, die rechte Figur ist weiblich (Anati S. 373). Vgl. dazu rechts die Felszeichnung in Tansania (Anati S. 193).*

Auch die „Rundköpfe" (linke Figur linkes Bild) finden sich in der Sahara in der dortigen Kulturform der „Höheren Sammler". Diese Darstellungen und Stilformen können durchaus als sehr spezifisch gesehen werden. Sie sind weder in Stil noch in den Inhalten paläolithischer Art.[38] *Die zudem betonten Kopf-Darstellungen dürften durchaus konzeptionell motiviert sein, dass ihre Entsprechungen nicht per se als Zufall abgetan werden sollten. Sie könnten Formen von Status zum Ausdruck bringen. Auch ließe sich an maskenartige Vermummungen (etwa aus Stroh- und Strauchbüscheln) denken – diese Techniken dienen genau wie die mesolithisch neuartige* >Geister<-*Mythologie und* >Felskunst< *der sozialen* >Steuerung<

---

[38] In Australien kommt ab 10.000 der neue „Sydney-Stil" auf, so: Emmanuel Anati: Höhlenmalerei, S. 396

Insgesamt ist es wohl zutreffend, dass viele Sitten und Gesetze in der historischen Entwicklung von >oben< her diktiert worden sind und dass es mit hohen Folgen verbunden sein kann, dagegen zu verstoßen. Mitnichten ist die gut 12.000 Jahre alte Geschichte von diktatorischer Macht und Gewalt bis hin zu den ökonomischen Gegebenheiten schon völlig überwunden, dass alles nur noch eine Frage der Kommunikation wäre. So weit an Demokratie und Gleichstellung sind wir noch lange nicht.

Doch bleibt insgesamt festzustellen, dass die Problematik von Macht und Gewalt in einem unzureichenden Beherrschen von Kommunikation und Sprache und einer entsprechenden „selbstverschuldeten Unmündigkeit" ihren Ursprung und auch – immer noch – ihr Fundament hat und ohne entsprechende Aufarbeitungen und Entwicklungen auch nicht zu lösen ist.

„Mit anderen Worten: die Psychologie des Führers ist im Wesentlichen eine Psychologie der Geführten." [39]

Es zeigt sich direkt bei der Art an Kommunikation und bei vielen Verhaltensformen, dass vieles Agieren auch gar nicht von der eigentlichen Persönlichkeits-Ebene, sondern von verinnerlichten Mechanismen und von Unbewusstem ausgeht.

„Wessen Bewusstheit nicht geweckt ist, der handelt so, wie ihn die beiden [*evolutionär*] älteren Gehirnsysteme [*unterhalb der menschlichen Persönlichkeits-Ebene*] handeln heißen, nämlich nach ihrer Art, obwohl die Absicht zu handeln vom höheren, dem dritten System ausgegangen war. [...] In solchen Fällen also bewirkt die schnellere, automatische Tätigkeit der unteren Gehirnsysteme, dass der Teil der Handlung, der mit stärkerem Gefühl verbunden ist, fast unverzüglich ausgeführt wird, während der Teil, der vom Denken, also von dem höheren System herkommt, langsamer und daher erst dann einwirken wird, wenn die Handlung schon fast zu Ende oder sogar vorüber ist." [40]

---

[39] Hans-Peter Nolting: Lernschritte zur Gewaltlosigkeit, S. 131
[40] Moshé Feldenkrais: Bewusstheit durch Bewegung, S. 75 f.

Neurologisches Modell des Kommunikations- und Bewusstseins-Kurzschlusses

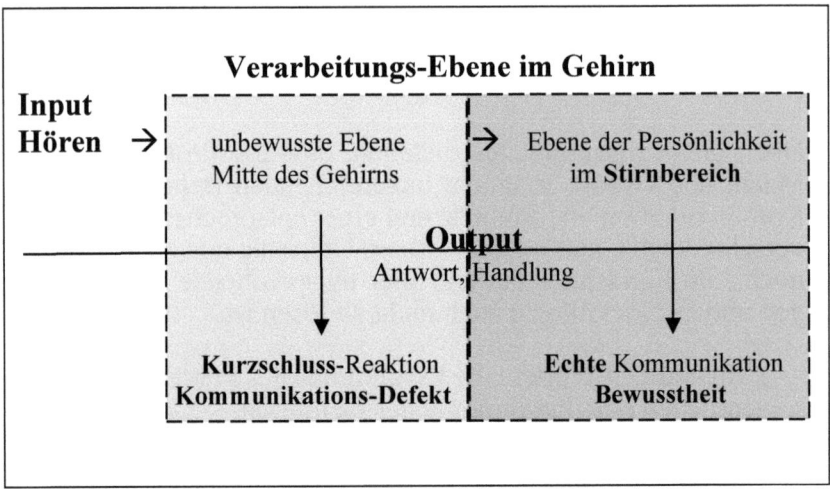

Dieses stark vereinfachte Modell soll den neurologischen Kommunikations- und Bewusstseins-Defekt veranschaulichen: eine Antwort oder Verhaltensreaktion setzt in Mechanismen bereits vor der eigentlichen Persönlichkeits-Ebene ein. Hierbei bleibt nicht nur die Persönlichkeits-Ebene des/der Anderen unerfasst, sondern vor allem *auch die eigene.*

Das Modell zeigt auch, dass das Erlernen wirklicher Kommunikation nicht nur in Hinsicht auf seine Beziehungen förderlich ist. Da hierbei einiges auf seine Bewusstseins- und Verhaltensmechanismen aufmerksam macht, hilft es auch, selbst bewusster zu werden, sich selbst wahrnehmen und verstehen zu lernen und damit mehr an Leben und den tatsächlich eigenen Absichten verwirklichen zu können. Dies ist im Grunde gar die Voraussetzung *für wirkliche Beziehungen.*

„Schreiben, Lesen, Rechnen haben wir jahrelang geprobt, selbst Autofahren wird gelehrt. Nur das Wesentliche des menschlichen Daseins, das über die wirkliche Lebensqualität – ja nach den neueren Forschungen […] auch über Gesundheit und Krankheit – entscheiden, ist in der Informationsgesellschaft wie vergessen."[41]

Doch tatsächlich ist der Mangel des Beherrschens von Kommunikation, Sprache und Selbststeuerung kein neues Problem, sondern nur im Feudalismus bis hin zum Faschismus ins Extrem gesteigert. Es ist nur immer noch nicht aufgearbeitet.

Das große Problem der gigantischen Naturkatastrophen am Ende der Eiszeit war ihre Dauer über 2 – 3 Jahrtausende und ggf. noch länger. Aufgrund dieser Länge gab es in den meisten Kulturen keine Vorstellungen mehr davon, was an menschlich notwendiger Kultur, an Knowhow und auch an Sprache verloren gegangen war.

Der Mangel im Beherrschen von Kommunikation und dem, was eigentlich bei uns Homo sapiens unter >Sprache< zu verstehen ist, ist ein Beispiel dafür. Man wusste nicht mehr, dass gerade dies zu den zentralen Lern-Inhalten der menschlichen Existenz gehört, wofür die Evolution das menschlich besondere Moratorium zwischen Geschlechtsreife und der erst eigentlichen Erwachsenheit zur Verfügung gestellt hat.

Zum Glück konnten in der Forschung diese fatalen Ausfälle im Knowhow wieder rekonstruiert werden. Mit ihrer Aneignung lässt sich wieder wie in der humanevolutionären Entwicklung zu einem fähigen Beziehungs- und Sozial-Leben und also dem Eigentlichen wirklicher Lebens-Qualität kommen.

---

[41] Michael Lukas Moeller: Gelegenheit macht Liebe. S. 22

Eins der vielen Motive zur Abschreckung aus dem kulturellen Kontext von Göbekli Tepe (hier vermutlich zur Sicherung des Inhalts der Schale)

9500 – 8500 v. Chr.

„Vom Körtik Tepe stammen zahlreiche ritzverzierte Steingefäße. Ein Bruchstück [s.o.] zeigt Schlangen und Skorpione." Zitat und Nachzeichnung nach: Klaus Schmidt: Sie bauten die ersten Tempel, S. 188

Fotos und Zeit-Angabe in: Badisches Landesmuseum Karlsruhe: Vor 12.000 Jahren in Anatolien, S. 102, 303

Zur Kommunikationspsychologie

„90 Prozent der Zeit reden Menschen aneinander vorbei." [42]

„Die Sprachlosigkeit der Paare, ihre Kommunikationskluft, gilt unter Psychotherapeuten als die größte Bedrohung, ja als Ursache des weltweiten Beziehungssterbens." [43]

„Dass einem jemand wirklich zuhört, ist so ungewöhnlich, dass es wie eine seelische Umarmung wirkt." [44]

Es ist hier nicht der Ort, ausführlicher auf die Kommunikationspsychologie und ihre ganzen Erkenntnisse einzugehen, doch sollen hier ein paar grundlegende Hinweise geboten werden.

Weitere Informationen zu den genannten Personen und zu der Gewaltfreien Kommunikation finden sich bei Wikipedia (Internet). Den Wikipedia-Artikel zu Kommunikationspsychologie kann man sich jedoch sparen.

---

[42] Aljoscha Long & Ronald Schweppe: Praxisbuch NLP, S. 178
[43] Michael Lukas Moeller: Die Wahrheit beginnt zu zweit, S. 15
[44] Aljoscha Long & Ronald Schweppe: Praxisbuch NLP, S. 180

In gewisser Weise basierte die Entwicklung einer wissenschaftlichen Psychologie in sich und von vorneherein auf einer Rekonstruktion von dem, was Kommunikation *eigentlich* ist.

Auch Freuds Therapie-Ansatz geht letztlich von Kommunikation aus. Diese therapeutische Begleitung sollte dem Klienten durch Fragen ermöglichen, die verdrängten Gedanken und Impulse der Kindheit wahrzunehmen und zu artikulieren, um seine Entwicklung zu begreifen und sie sich aneignen zu lernen. Tatsächlich brauchen wir Andere und Resonanz, um uns selbst verstehen zu lernen und ein Gefühl für uns selbst zu bekommen, und dies als Kind als recht.

Doch standen in der Entwicklung der Psychologie zunächst die Klärung der neu entdeckten unbewussten psychischen Inhalte und entsprechende therapeutische Fragen im Vordergrund. Es versteht sich insofern, dass erst ab einem gewissen Stand der Psychologie dann auch der Komplex Kommunikation seine eigene gebührende Aufmerksamkeit erfuhr.

Carl Rogers ist in diesem Zusammenhang ein bedeutender Name. Er entdeckte bei seiner psychologischen Arbeit die Bedeutung von Kommunikation und dies mit der Zeit in verschiedenen Dimensionen (s.u.). Damit regte Rogers bedeutende Weiterentwicklungen an. So bauen auch Rosenbergs Konzept der >Gewaltfreien Kommunikation< wie indirekt auch die kommunikationspsychologischen Ansätze von Friedemann Schulz von Thun über die Vermittlung des Professors Reinhard Tausch auf Rogers auf.

Die verschiedenen Beiträge von Carl Rogers

Als einer der bedeutsamsten Pioniere in der Entwicklung der Kommunikationspsychologie kann der US-amerikanische Psychologe Carl Rogers (1902 – 1987) gelten. Er war es vor allem, der in seiner Arbeit die Bedeutung von Kommunikation als einer eigenen Thematik entdeckte. Von hier aus konzentrierte sich Rogers darauf, worin nun geeignete Kommunikation in der psychologischen Beratung eigentlich besteht. Daraus entwickelte Rogers zunächst die >nicht-direktive Methode< und die >Klient zentrierte Gesprächsführung<, deren Methodik noch heute in der Beratungs-Arbeit eine grundlegende Rolle spielt.

Nachdem er den Gesichtspunkt zunächst auf den >Klienten< ausgerichtet hatte, geriet ihm in den Blick, welche Rolle der Therapeut eigentlich in diesem Kommunikations-Prozess spielte. Hierbei entdeckte er die Bedeutung der >Zuwendung<, die Frage nach der >bedingungslosen Akzeptanz< und den Aspekt des Prozesses der >Kongruenz<.

Rogers stellte u.a. fest:

„Jung sagt, dass der Schizophrene aufhört, schizophren zu sein, wenn er auf jemanden trifft, von dem er sich verstanden fühlt. Unsere Untersuchung liefert den empirischen Beweis für diese Behauptung." [45]

„In erster Linie hebt Empathie die Entfremdung auf. Der Empfänger empfindet sich, für einen Augenblick wenigstens, als Glied des Menschengeschlechts. Die Erfahrung verläuft etwa folgendermaßen, auch wenn sie der Klient zunächst

---

[45] Carl R. Rogers & Rachel L. Rosenberg: Die Person als Mittelpunkt der Wirklichkeit, S. 86

69

noch nicht artikuliert: >Ich habe über verborgene Dinge geredet, die mir selbst zum Teil unbekannt waren, seltsame, vielleicht sogar abnorme Gefühle, Gefühle, die ich noch nie jemand anders eingestanden habe, noch nicht einmal richtig mir selbst. Und doch hat der Therapeut verstanden, sogar besser als ich selbst. Wenn er weiß, dass ich wirklich über das spreche, was ich meine, dann bin ich gar nicht so seltsam oder anders oder aus der Reihe. Ich ergebe Sinn für den anderen. Ich bin also in Berührung, sogar in Beziehung zu anderen. Ich bin nicht mehr isoliert.<"   (ebd.)

„Das Ziel, das der Einzelne [...] wissentlich und unwissentlich verfolgt, scheint zu sein, sich zu finden, er selbst zu werden." [46]

Insgesamt kam es mehr und mehr zu einer Verbreitung der psychologischen Erkenntnisse über den engen fachwissenschaftlichen und therapeutischen Bereich hinaus. Interessanterweise waren es in den USA gerade auch die großen Firmen, die die Bedeutung der psychologischen Erkenntnisse u.a. in Bezug auf ihre Personal-Aufstellung erkannten. So wurden die Gelder für eine solche Schulungs-Arbeit eine wichtige finanzielle Quelle für eine solche psychologische Arbeit, die sich entsprechend verbreitete und auch in sozialen Kontexten Interesse fand. Dies hatte freilich auch eine starke Vulgarisierung des Gebrauchs der Psychologie zur Folge. Gerade auch in Deutschland verkam der so wichtige Ansatz der **Encounter-** (>*Begegnungs*<-) Gruppen mangels wirklicher Verankerung verbreitet mit bösen Folgen zu einem Psycho-Theater, das nach einer Boom-Zeit in den 1970ern vor solchen Versuchen zurückschrecken ließ. Hier wurde das psychologisch aufkommende Knowhow weniger zu einem besseren Umgang miteinander genutzt als eher dafür, seine Maske, Manipulationsfähigkeit und Verdrängungen zu optimieren und ggf., damit sein Geld zu verdienen.

Was Carl Rogers angeht, so kam er im Weiteren dahin, seine Einsichten für die >Entwicklung der Persönlichkeit< (so eins

---

[46] Carl R. Rogers: Entwicklung der Persönlichkeit, S.115

seiner Bücher) und dann wiederum deren Bedeutung für eine neue Kultur auszuweiten. Er selbst spricht entsprechend einer damals aufgekommenen Tendenz vom >Neuen Menschen< (so auch ein Titel seiner Bücher). Es trifft insofern nicht zu, seine Position als individualistisch zu bezeichnen. Das würde die Bedeutung seiner Beiträge verkennen. Auch nahm Rogers an großen Kongressen wie an Initiativen in der Vermittlung bei politischen Konflikten teil. Doch bleibt sein Blick bei dem damaligen Stand tatsächlich wesentlich psychologisch und auf >die Person als Mittelpunkt der Wirklichkeit< (so ein Buchtitel) ausgerichtet. Bei der letzten Entwicklungsstufe war sein Alter inzwischen schon zu fortgeschritten, um sie weiter ausbauen zu können, wie es für eine Auseinandersetzung mit den gesellschaftlichen Problemen bzgl. von Kommunikation günstig gewesen wäre.

Doch sieht Rogers, dass der Zusammenhang der >Entwicklung der Persönlichkeit< und einer wirklichen Kommunikation in seiner Konsequenz auf eine neue Kultur oder, wie er es mit dem damaligen Sprachgebrauch nennt: auf einen >Neuen Menschen< hinausläuft:

„Aber er [*der >neue Mensch<*] würde Veränderungen fördern, die ich programmatisch noch einmal zusammenfassen will:

- Offenheit in allen interpersonalen Beziehungen – in der Familie, bei der Arbeit, in Führungspositionen.
- Erforschung des Selbst und Entwicklung eines ganzheitlichen Menschen, Einheit von Leib und Geist.
- Wertschätzung des Einzelnen aufgrund dessen, was er *ist,* ohne Rücksicht auf Geschlecht, Rasse, Status oder materiellen Besitz.
- Dem Menschen angemessene Gruppierungen in unseren Gemeinschaften, unseren Bildungsinstitutionen, unseren Produktionsstätten.
- Eine respektvolle, ausgeglichene Haltung der Natur gegenüber.
- Streben nach materiellen Gütern nur dann, wenn sie die persönliche Lebensqualität erhöhen.

71

- Eine gerechte Verteilung materieller Güter.
- Eine Gesellschaft mit einem Minimum an Strukturen, in der die menschlichen Bedürfnisse vor jeder Struktur den Vorrang haben.
- Führung als eine vorübergehende zeitweilige Funktion, gegründet auf die Fähigkeit, ein spezifisches gesellschaftliches Bedürfnis zu befriedigen.
- Fürsorge für jene, die Hilfe brauchen.
- Ein menschlicheres Wissenschaftsverständnis in allen Phasen – in der kreativen Phase, beim Überprüfen der Hypothese, bei der Bewegung der Menschlichkeit in ihrer Anwendung.
- Kreativität jeder Art: beim Denken und Forschen, in den sozialen Beziehungen, in der Kunst, Architektur, Stadt- und Regionalplanung, Wissenschaft.

Für mich hat dies nichts Erschreckendes sondern, im Gegenteil, etwas Aufregendes. Unsere Kultur steht vielleicht trotz der düsteren Gegenwart an der Schwelle zu einem großen evolutionär-revolutionären Sprung." [47]

Diese Punkte sind auf den vorausgehenden Seiten in seinem Buch etwas mehr ausgeführt. Variierende Ausführungen hierzu enthält das 8. Kapitel von Rogers Buch >Der Neue Mensch<.

Bestimmte Impulse der damaligen Entwicklung verloren im Verlauf der 1980er zumindest in der Öffentlichkeit an Bedeutung. Doch hat sich Carl Rogers auch über den deutschen Professor Reinhard Tausch als Lehrer von Friedemann Schulz von Thun vermittelt, und auch die Konzeption der >Gewaltfreien Kommunikation des Psychologen M.B. Rosenberg seinen Ursprung in Rogers Ansätzen.

---

[47] In: Carl R. Rogers & Rachel L. Rosenberg: Die Person als Mittelpunkt der Wirklichkeit, S. 216

Zu F. Schulz von Thun: das Quadrat der Nachricht

Friedemann Schulz von Thun (Jg. 1944) ist in Deutschland der große Name der Kommunikationspsychologie. Er war bis 2009 Professor an der Universität Hamburg am Fachbereich Psychologie. „Seine [*kommunikationspsychologische*] Trilogie >Miteinander reden 1 – 3< hat sich zum Standardwerk in Schule und Beruf entwickelt." (dort Bd. 1, S. 3)

Er war Schüler des Professors Reinhard Tausch, der die Einsichten von Rogers in Deutschland vermittelte. Von dorther finden sich enge Entsprechungen zu der >Gewaltfreien Kommunikation< von M.B. Rosenberg, der ein Schüler von Rogers war. Allerdings sind die Konzeptionen in recht unterschiedlicher Weise ausgearbeitet. Sie sind als eine gute gegenseitige Ergänzung zueinander zu sehen.

Ein zentraler Ausgangspunkt seiner Kommunikationspsychologie besteht in dem Modell des >**Quadrats der Nachricht**< entwickelt. Viele kommunikativen Probleme und Missverständnisse gehen darauf zurück, dass sich der (so genannte) >Sender< nicht über das volle Ausmaß seiner >Aussagen< im Klaren ist und/oder der >Empfänger< sie in Verkürzung auf einer anderen Ebene aufnimmt. Nach diesem Modell besteht jede Mitteilung in der Aussage wie im Hören gleichzeitig in vier Aspekten:

„1. der *Sachinhalt,* der Informationen über die mitzuteilenden Dinge und Vorgänge in der Welt enthält;

2. die *Selbstkundgabe,*[*] durch die der >Sender< etwas über sich selbst mitteilt – über seine Persönlichkeit und über seine aktuelle Befindlichkeit (sei es nun in bewusster *Selbstdarstellung* oder in mehr oder minder freiwilliger *Selbstöffnung* und *Selbstpreisgabe*);

---

[*] In Band 1 von 1981 hatte er noch von >Selbstoffenbarung< gesprochen.

3. der *Beziehungshinweis,* durch den der Sender zu erkennen gibt, wie er zum Empfänger steht, was er von ihm hält und wie er die Beziehung zwischen sich und ihm definiert;
4. der *Appell,* also der Versuch, in bestimmter Richtung Einfluss zu nehmen, die Aufforderung, in bestimmter Weise zu denken, zu fühlen oder zu handeln." [48]

Dieses im ersten Blick einfache Modell wird Schulz von Thun in den drei Bänden >Miteinander reden< in gut lesbarer Form in unterschiedlichsten Hinsichten ausgeführt.

Erwähnenswert ist auch ein Modell, das hier vielmehr 6 Bezüge sieht:

„Da gibt es schon einmal drei personale Botschaften:
- Die Ich-Botschaft: Das empfinde ich!
- Die Du-Botschaft: So sehe ich dich!
- Die Wir-Botschaft: So sehe ich unsere Beziehung!

Und dann gibt es auch noch drei überpersönliche Botschaften:
- Die Sachbotschaft: Ich sehe es so!
- Der Kontext: die Situation
- Der Appell: Ich möchte, dass du das tust!" [49]

Ein durchaus bedeutsames weiteres Thema wäre hier im Übrigen auch **Sprache**. Denn unsere Sprachen enthalten in ihren Wortbildungen wie in ihrer Expliziten Grammatik zahlreiche weltanschauliche bzw. ideologische Implikationen, wie es bei dem >grammatischen Geschlecht< vielleicht am auffälligsten wird. Dies heißt, dass wir bei dem Gebrauch einer bestimmten Sprache immer auch etwas zum Ausdruck bringen, was uns zumeist nicht bewusst und/oder was von uns persönlich auch nicht unbedingt so nicht gemeint ist.

---

[48] Friedemann Schulz von Thun: Miteinander reden, Band 2, S. 19 f.
[49] Aljoscha Long & Ronald Schweppe: Praxisbuch NLP, S. 176

Das >Zwiegespräch< nach M.L. Moeller

„ Eine Angst, die unausgesprochen bleibt, trennt und behindert. Wenn sie jedoch ausgesprochen wird, beginnt sie sich nicht nur zu verwandeln, sie bindet auch aneinander. " [50]

Auch Michael Lukas Moeller (1937 – 2002), der direkt von der Psychoanalyse herkommt, hat höchst bedeutsame Beiträge zu einer Kommunikations-Kultur geschaffen, und zwar insbesondere zuerst im Bereich der Selbsthilfe-Arbeit und dann speziell in dem Bereich der Paar-Beziehung. Moeller war ausgebildeter Psychoanalytiker, 1973 – 1983 Professor Dr. med. für Seelische Gesundheit in Gießen (mit Bezügen zu Horst Eberhard Richter) und ab 1983 Professor für Psychosomatische Medizin an der Universität Frankfurt/M. „Auf dem Weg zu einer Wissenschaft von der Liebe" (Moeller 2002) schrieb er vier weitere Bücher zu dieser Thematik, daraus:

„>Eigentlich wollten wir einfach glücklich sein, aber wir konnten nicht miteinander reden.< Dieser Satz eines Paares, das sich trennte, ist für mich der typische Abgesang der heute allseits belasteten Beziehungen.
Gibt es überhaupt noch eine Chance für eine bessere Beziehung. Ich glaube ja. Miteinander reden macht glücklichere Paare. Nur wie? Der entscheidende Weg ist das wesentliche Zwiegespräch. Die in ihm enthaltenen Grundeinsichten aus der Psychoanalyse der Zweierbeziehungen haben auch mein Paarleben tiefgreifend verändert. Ein Paar: >In den letzten drei Monaten mit Zwiegesprächen haben wir mehr voneinander erfahren als in zehn Ehejahren vorher.<" [51]

---

[50] Michael Lukas Moeller: Die Wahrheit beginnt zu zweit, S. 249
[51] Michael Lukas Moeller: Die Wahrheit beginnt zu zweit. Buchrückseite

Moeller nannte das von ihm entwickelte Konzept der Beziehungs-Kommunikation >Zwiegespräch< oder >Dyalog< (mit Y entsprechend dem Begriff *Dyade = Zweiheit*). Die verschiedenen Hauptaspekte ihrer Inhalte hat er in mehreren Büchern ausgeführt, die gut lesbar sind. Ihre Lektüre ist sehr zu empfehlen.

Seine **zentralen** Ergebnisse bzgl. der Gestaltung einer Beziehung fasst er in >**Fünf goldenen Erkenntnissen**< zusammen:

„**1**. Ich möchte in unserer Beziehung lernen, von der wechselseitigen Unkenntnis auszugehen und Dich nicht mehr mit meinen Vorstellungen zu kolonialisieren.

2. Ich möchte in unserer Beziehung lernen, unser gemeinsames unbewusstes Zusammenspiel ernst zu nehmen und damit zu erkennen, dass ich verantwortlich, aber nicht unabhängig bin.

3. Ich möchte in unserer Beziehung lernen, wesentliche Zwiegespräche als notwendig anzusehen und zu verwirklichen; nur so kann ich lernen, mich und Dich ernst zu nehmen; und Du kannst mir nicht wesentlich sein, wenn ich mir nicht wesentlich bin.

4. Ich möchte in unserer Beziehung lernen, mich in konkreten Erlebnissen und nicht in Begriffen zu erläutern, weil Bilder und Geschichten erst wirklich tief gehend und umfassend wiedergeben können, wer ich bin – und wer Du bist.

5. Ich möchte in unserer Beziehung lernen, zu erkennen, dass ich mir auch die Gefühle mache, von denen ich gerne annehme, dass Du sie mir machst – zum Beispiel Kränkung und Schuldgefühle, oder von denen ich glaube, dass sie mich einfach überkommen – wie etwa Angst und Depression." [52]

---

[52] Michael Lukas Moeller: Die Liebe ist das Kind der Freiheit, S. 16

Das Konzept der >Gewaltfreien Kommunikation< (GFK) von M.B. Rosenberg[*]

„Es geht also darum, uns an etwas zu erinnern, das wir bereits kennen – nämlich daran, wie unsere zwischenmenschliche Kommunikation ursprünglich gedacht war." [53]

M.B. Rosenberg (1934 – 2015) war Doktor der Psychologie und ein Schüler von Carl Rogers. Dazu schreibt Rosenberg:

„Ich bin dankbar, dass ich mit Professor Carl Rogers während der Zeit studieren und arbeiten konnte, als er die Komponenten einer positiven, zwischenmenschlichen Beziehung erforschte. Die Ergebnisse dieser Forschung haben eine Schlüsselrolle bei der Entwicklung des Kommunikationsprozesses gespielt, den ich in diesem Buch beschreibe." [54]

Es ist hier zu betonen, dass die Konzeption der >Gewaltfreien< oder eigentlich *non-violent = nicht-verletzenden* Kommunikation auf handfester Wissenschaft basiert. Es ist nur nicht auf eine wissenschaftliche Forschung ausgerichtet, sondern auf eine Alltags-Praxis. Hierfür sind die entscheidenden Punkte herausgearbeitet, wo die gängige Kommunikation häufig verunglückt und was also für eine fähige Kommunikation zu beachten ist. Dies macht die Konzeption im ersten Eindruck überaus überschaubar. Allerdings verführt dies auch leicht dazu, die Probleme bzgl. Kommunikation zu unterschätzen.

---

[*] Von meiner eigenen Irritation erscheint mir erwähnenswert, dass *Marshall* nicht als militärischer Titel zu begreifen, sondern ein Vorname ist.
[53] Marshall B. Rosenberg: Gewaltfreie Kommunikation, S. 22
[54] Marshall B. Rosenberg: Gewaltfreie Kommunikation, S. 17

So löst das Stichwort >Gewaltfreie Kommunikation< vielfach falsche Assoziationen aus, als ginge es darum, noch besser Nettsein heucheln zu lernen und noch mehr Angepasstheit und Repressivität zu verinnerlichen. Diese Assoziationen haben sehr wohl eine reale Erfahrungsbasis, die aus der immer noch gängigen neolithischen Domestikations-Pädagogik stammt und sich insbesondere unter dem Stichwort >Frieden< ansammelt.

In solchen Kontexten wird die >Gewaltfreie Kommunikation< als eine Form von „Esoterik" vermittelt, in der es nicht wirklich um Kommunikation geht, sondern um Ideologie und Suggestion. In Rosenbergs Intention meint jedoch die >Gewaltfreie Kommunikation< (GFK) eher das Gegenteil, und er warnt hierbei aus gutem Grund:

„Nehmen Sie sich vor netten Menschen in Acht." [55]

In Rosenbergs Konzept der GFK geht es vielmehr um „emotionale Befreiung" (s.u.) in den Beziehungen und im Sozialleben. Das Konzept der GFK zeigt die zentralen Komponenten auf, um über die (oft gerade auch im Nettsein vorhandene) manipulative Kommunikation hinaus zu einer tatsächlichen Kommunikation zu kommen, wo man wieder authentisch als Menschen in Verbindung tritt. Denn erst darin entstehen wirkliche Lösungen. Alles Andere ist lediglich eine – vielleicht nur noch geschicktere und subtilere – Manipulation und Verdrängung, was die Probleme allenfalls situativ löst, doch ohne eine weitere Bearbeitung letztlich potenziert.

Das Gute an Rosenbergs Konzeption der GFK besteht darin, dass in ihr die entscheidenden Komponenten der Kommunikation höchst überschaubar herausgearbeitet sind. Das macht sie im Einsatz bei Konflikt-Problemen und als Ansatz für ein Erlernen von wirklicher Kommunikation im Besonderen geeignet. Doch wenn auch die vier Kern-Punkte der GFK als solche an einem Abend oder auf einem Tagesseminar leicht zu lernen sind, so wäre es doch ein völliger Kurzschluss zu meinen, so schnell

---

[55] M.B. Rosenberg & Gabriele Seils: Konflikte lösen durch GFK, S. 33

und einfach die wirklichen Dimensionen ihrer *Inhalte* schon wirklich erfasst zu haben.

„Die Leute freuen sich am Anfang immer, dass die Gewaltfreie Kommunikation so einfach ist. Als nächstes stellen sie fest, wie schwierig sie ist.

Die Grundidee der Methode ist tatsächlich ganz einfach: **Erstens**: Beobachte dich selbst – was ist lebendig in Dir? Und **zweitens**: Wodurch würde sich Deine Lebensqualität verbessern, was würde Dein Leben bereichern?

Lerne diese beiden Dinge zu kommunizieren [...]. Es sind nur diese beiden Fragen. Es geht darum, sie gegenüber anderen Menschen auszudrücken und entsprechende Informationen von seinem Gegenüber empathisch aufzunehmen." [56]

Wie schnell und leicht man wirkliche Kommunikation lernen kann, ist auch davon abhängig, welche Kontexte man an wirklicher Kommunikation hat. Neben GFK-Übungs- und Arbeitsgruppen wären eine Praxis des >Zwiegesprächs< nach Michael Lukas Moeller in einer Partnerschaft/Ehe oder auch in Freundschaften sowie etwa an >Themenzentrierter Interaktion< (TZI) im beruflichen Kontext im Besonderen zu nennen. Die leicht zu lesenden drei Bände >Miteinander reden< des Kommunikationspsychologen Friedemann Schulz von Thun behandeln weitere fundamentale Gesichtspunkte der Kommunikation.

Das Konzept der GFK erscheint aufgrund seiner diesbezüglichen Entwicklung im Besonderen dazu geeignet, die Kernprobleme unserer kommunikativen Unkultur – die bei allen gut gemeinten Absichten eine wirkliche Kommunikation meist eher verbaut und Konflikte schürt – und die Ansätze einer menschlich produktiven Kommunikation zu vermitteln. (Für ein Bearbeiten psychotherapeutischer Probleme ist eine bloße Kenntnis der GFK freilich noch lange nicht hinreichend).

---

[56] M.B. Rosenberg & Gabriele Seils: Konflikte lösen durch GFK, S. 12

„Durch die Gewaltfreie Kommunikation werden Sie verstehen, dass
- *alles, was ein Mensch jemals tut, ein Versuch ist, Bedürfnisse zu erfüllen;*
- *es für alle Beteiligten förderlicher ist, Bedürfnisse durch Kooperation statt durch Konkurrenz zu erfüllen;*
- *es Menschen von ihrer Natur her Freude bereitet, zum Wohlergeben anderer beizutragen, wenn sie das freiwillig* [und in ihrer eigenen Form] *tun können.* " [57]

Im Näheren besteht das Konzept der GFK aus den **vier Komponenten:**

1. Beobachtung, 2. Gefühle, 3. Bedürfnisse und **4. Bitten.**

„**1. Beobachtungen:** Zuerst beobachten wir, was in einer Situation tatsächlich geschieht: Was hören wir andere sagen, was sehen wir, was andere tun, wodurch unser Leben entweder reicher wird oder auch nicht? Die Kunst besteht darin, unsere Beobachtung dem anderen ohne Beurteilung oder Bewertung mitzuteilen – einfach zu beschreiben, was jemand macht, und dass wir es entweder mögen oder nicht.

2. Gefühle: Als nächstes sprechen wir aus, wie wir uns fühlen, wenn wir diese Handlung beobachten. Fühlen wir uns verletzt, erschrocken, froh, amüsiert, irritiert usw.?

3. Bedürfnisse: Im dritten Schritt sagen wir, welche Bedürfnisse hinter diesen Gefühlen stehen.
Das Bewusstsein dieser drei Komponenten ist uns gegenwärtig, wenn wir die GFK einsetzen, um klar und ehrlich auszudrücken, wie es uns gerade geht. Eine Mutter kann z.B. diese drei Bestandteile ihrem Sohne gegenüber ausdrücken, indem sie sagt: >Felix, ich ärgere mich, wenn ich zwei zusammengerollte schmutzige Socken unter dem Kaffeetisch sehe und

---

[57] Marshall B. Rosenberg: Gewaltfreie Kommunikation, S. 1

noch drei neben dem Fernseher, weil ich in den Räumen, die wir gemeinsam benutzen, Ordnung brauche.< *

4. Bitten: Sie macht dann sofort weiter mit der vierten Komponente – einer sehr spezifischen Bitte: >Würdest du bitte deine Socken in dein Zimmer oder in die Waschmaschine tun?< * Dieses vierte Element bezieht sich darauf, was wir [*ganz konkret*] vom anderen wollen, so dass unser beiden Leben schöner wird. Was kann er oder sie konkret tun, um unsere Lebensqualität zu verbessern?" [58]

Insgesamt geht es um einen Prozess von „**emotionaler Sklaverei zu emotionaler Befreiung**" (Rosenberg, Kapitel S. 78 ff.). Dieser Prozess wird in drei Hauptstufen gesehen.

„Erstes Stadium – emotionale Sklaverei: Wir übernehmen die Verantwortung für die Gefühle anderer." (S. 78)

Oder anders formuliert: wir lassen uns mangels zureichender Verarbeitung der äußeren Impulse zu entfremdetem Verhalten verleiten.

„Zweites Stadium - >rebellisch<: Wir ärgern uns; wir wollen für die Gefühle anderer nicht länger verantwortlich sein." (S. 79)

Diese Phase ist in der emanzipativen Entwicklung unvermeidlich. Doch ohne das Erreichen der dritten Stufe bleibt hier *alles* ungelöst, auch in einem selbst. Es wäre nicht mehr als ein Reagieren, ein pubertäres Revoltieren oder gar eine infantile Trotzphase. Als *Endergebnis* ist diese zweite Stufe noch ärger als die

---

* Anmerkung AP: ob es sich hierbei tatsächlich um eine >Bitte< handelt, erweist sich an der Freiheit, auch eine Ablehnung anzunehmen. Sonst handelt es sich um einen Befehl.
[58] Marshall B. Rosenberg: Gewaltfreie Kommunikation, S. 25

erste, nicht bloß sozial, sondern auch in den entsprechenden sozialen Rückwirkungen für die eigene innere Verfassung.

Ein wirklicher Durchbruch und das Ziel werden in Rosenbergs Modell der GFK erst auf der dritten Stufe erreicht.

„**Stadium 3:** Im dritten Stadium, der emotionalen Befreiung, reagieren wir auf die Bedürfnisse anderer aus Mitgefühl heraus, niemals aus Angst, Schuld oder Scham [*oder Zwang*]. Deshalb löst das, was wir machen, Zufriedenheit in uns aus, und das gleiche geschieht mit denen, die unser Angebot annehmen. Wir übernehmen die volle Verantwortung für unsere Absichten und unsere Handlungen, aber nicht für die Gefühle anderer Menschen.
In diesem Stadium ist uns bewusst, dass wir unsere Bedürfnisse niemals auf Kosten anderer erfüllen können. Zur emotionalen Befreiung gehört, dass wir klar aussprechen, was wir brauchen, auf eine Weise, die deutlich macht, dass uns die Bedürfniserfüllung anderer Menschen ebenso am Herzen liegt." (S. 80)

Auf der dritten Stufe ist bzw. wird das bestehende Problem der bestehenden Notstandskultur und der menschlichen Entfremdung in Persönlichkeit und im Beziehungs- und Sozialleben überwunden. Statt sich als Ego in Reaktion zu verfangen, lernt man hier, im Zugang zu sich selbst sich bewusst und gezielt zu Anderen in Beziehung zu setzen und seine Bedürfnisse zu kommunizieren und ggf. auch zu koordinieren.

Entsprechend konnte Rosenberg nach einem stark konflikthaltigen Gespräch in einem schwierigen Sozialmilieu zu dem Ergebnis kommen:

„Alles konnte in allgemein menschliche Gefühle und Bedürfnisse übersetzt werden." [59]

---

[59] M.B. Rosenberg: Gewaltfreie Kommunikation, S. 136

Natürlich sind hiermit in dieser Kürze nur die allergrundsätz-lichsten Momente benannt. Selbst Rosenbergs hier erwähntes Standardwerk zur GFK ist eher nur als Überblick zu begreifen. Doch führt dieses Buch in vielen wichtigen Punkten inhaltlich und methodologisch über das hier Skizzierte hinaus.

Wie gesagt, die *Ansätze* der GFK an sich sind wohl einfach. Doch da die kommunikativen Probleme so stark in unserer Kultur wie in unserem Denken und Verhalten verinnerlicht sind, ist es insgesamt als eine gehörige Arbeit zu begreifen, zu einer produktiven Kommunikation und der genannten emotionalen Befreiung zu kommen.

Wie schnell die Probleme der menschlichen Entfremdung auf der allgemeinen Ebene der Gesellschaft und insbesondere in den globalen Verhältnissen gelöst werden können, ist natürlich noch die Frage. Klar erscheint jedoch, dass ein Beherrschen wirklicher Kommunikation ein konstitutives Element für lebendige Sozialverhältnisse ist und auf jeden Fall in unseren persönlicheren Sozialverhältnissen zu einer bedeutsamen Steigerung von Lebensqualität führt.

Für Erfahrungen und Experimente mit nichtverbaler Kommunikation ist die Methodik der Tanz-Improvisation gut geeignet. Die WNK bietet dies jedoch zur Zeit nicht an.

Zur Wiederentwicklung von Kommunikation

„[...] getreu dem Motto, dass jeder Mensch liebenswert ist, wenn er nur wirklich zu Wort kommt [...]" [60]

„Eine Angst, die unausgesprochen bleibt, trennt und behindert. Wenn sie jedoch ausgesprochen wird, beginnt sie sich nicht nur zu verwandeln, sie bindet auch aneinander." [61]

Wirkliche Kommunikation setzt sowohl sozial als auch in der Persönlichkeit ein ganz anderes menschliches Potential frei. Ängste verlieren sich, Verbundenheit und Nähe bauen sich auf. Es kommt zu einem anderen Zutrauen zu Anderen und zu seinem Selbst; zu einem ganz anderen Verstehen in seiner Kommunikation, seiner eigenen Person, des Menschen und den vorhandenen Qualitäten des Lebens.

Diese Entwicklung ist wohl über erste Momente hinaus nicht ganz einfach, doch überaus lohnend. Wir von der Werkstatt Neue Kultur möchten für ihre Entwicklung werben, dafür Mut machen und dazu einladen. Wir können hierbei auch Starthilfe, ein paar Erfahrungen und Hilfestellungen anbieten.

---

[60] Friedemann Schulz von Thun: Miteinander reden, Band 3, S. 175
[61] Michael Lukas Moeller: Die Wahrheit beginnt zu zweit, S. 249

Wie in dieser Schrift ersichtlich geworden sein dürfte, sehen wir in der >Werkstatt Neue Kultur< *engste* Zusammenhänge zwischen Kommunikation und der Qualität an Beziehungs- und Sozial-Leben, sowohl in negativer Hinsicht als auch in positiver Rückkopplung bzgl. der Lösungen.

Dies betrifft die unterschiedlichsten Ebene der menschlichen Sozialverhältnisse vom Politisch-Ökonomischen über Vereine, Nachbarschaften und sonstige Sozialbereiche bis hin zu den privatesten Beziehungen aller Art.

Im Prinzip müsste es längst keine Notstandsprobleme mehr geben. Es mangelt längst nicht mehr an Nahrung, Produktion, Technologien und Angeboten an Dienstleistung. Bereits in den 1830ern wurde (längst vor Marx) erkannt, dass in Wirklichkeit das Gegenteil das *Problem* ist: nämlich das *Überangebot*, das aufgrund der ökonomisch-politischen Zusammenhänge in Kriege und einen allgemeinen gegenseitigen Selbstruin führt. Die bestehenden Probleme von Armut, Elend und ökonomisch bedingtem Stress erklären sich daraus, dass sich aufgrund der über zwei Jahrtausende andauernden Notstandsprobleme am Ende der Eiszeit der Notstand in Bewusstsein und Verhalten praktisch verinnerlicht hat und institutionell in Prinzipien von Profit und Strafe fixiert ist.

So bringt man es mit diesem Denken und Verhalten mitten im Überfluss fertig, Armut und ökonomische Probleme usw. zu produzieren, anstatt die menschlich entstandenen Defizite etwa in der Fähigkeit zu Kommunikation und Selbst-Steuerung aufzuarbeiten - worin allein die Lösung der Probleme unserer Notstandskultur zu sehen ist.

Kommunikation: das Private = das Politische

Von den Einsichten in die evolutionäre und historische Entwicklung ist die Wiederentwicklung von Kommunikation gleichermaßen als eine soziale, politische wie auch persönliche Angelegenheit zu sehen.

Im Bereich von Kommunikation hängt dies direkt zusammen. Vor allem in dieser Hinsicht gilt in der Tat: >Das Private ist das Politische<. Kommunikation ist die Brücke zwischen Individuum und Sozialem. Von daher wirkt eine mangelnde Kommunikation oder eine schlechte Art an Kommunikation sowohl sozial als auch in Bezug auf die Individuen zerrüttend, wie eine produktive Kommunikation auf allen menschlichen Ebenen förderlich.

Eine mangelnde Kommunikation hat im Sozial- und Beziehungsleben negative Konsequenzen. Sie fördert Regression, Show-Verhalten, Imponiergehabe und sonstige Selbstinszenierung, soziale Hierarchie, Gewalt – also letztlich einen Rückfall auf die hominide Stufe (in ihrem negativen Aspekt, der zu ihrem Aussterben führte). Diese Tendenzen wirken negativ auf die Persönlichkeits-Ebene und politisch reaktionär, was wiederum die Kommunikation verschlechtert und reduziert und also die negativen Effekte weiter verstärkt (Teufelskreis).

Hingegen wirkt die Entwicklung von Kommunikation positiv auf das Beziehungs- und Sozial-Leben. Sie weckt das Interesse an Anderen und am Sozialen und schafft darüber auch neues Potential für das Sozialleben, im Engagement aller Art, in Selbstorganisation, Gemeinschafts-Bildung, potentiell auch mit ökonomischen Effekten, die Ansätze einer neuen Kultur bieten. Die Persönlichkeits-Ebene wird gefördert sowie von Selbstdarstellung, Leistungsbeweisen usw. entlastet. Alles in allem kommt ein positiver Rückkopplungs-Effekt auf, wie letztlich auch in der humanevolutionären Entwicklung, aus der das Menschsein, Kultur und das fähige und wünschenswerte Sozialleben entstand, was den evolutionären Erfolg unserer Art Homo sapiens ergab.

Mit Kommunikation kann der Teufelskreis aus >entfremdeten Verhältnissen – entfremdeter Persönlichkeit durchbrochen werden.

„Durch Voreinander-Geheimhalten von Schwächen, Ängsten, Problemen sowie Streben nach Überlegenheit lassen sich die Distanzen nicht überwinden, die Menschen voneinander trennen. Solidarität setzt voraus: das offene Eingestehen der ganzen Person mitsamt ihren Schwächen und so genannten Minderwertigkeiten. So erfahre ich, dass auch die anderen leiden, sich unsicher fühlen, Probleme haben, manchmal nicht ein noch aus wissen. Ich sehe: ich bin gar nicht so allein mit meinen Problemen. Die anderen sind gar nicht so fabelhaft fit, so souverän, für wie ich sie gehalten habe, und ich kann mir all die Kraftanstrengungen sparen, die notwendig waren, um meine Unterlegenheitsgefühle zu verdecken. In der Regel aber wird alles getan, um solche Erlebnisse zu vermeiden. In gemeinsamer Kraftanstrengung schaffen wir die Isoliertheit, an der wir leiden.“ [62]

Es ist entsprechend von Bedeutung, Kommunikation als diesen zentralen Schlüssel der menschlichen Existenz entsprechend seiner Relevanz in den Blick zu bekommen und sich in dieser Hinsicht zu qualifizieren.

Wir können allen Personen, Gemeinschaften und Einrichtungen mit einer sozialen Ausrichtung nur empfehlen, sich eingehend mit dem Komplex Kommunikation zu befassen, ist die Qualität ihrer Arbeit und auch ihr >Erfolg< von dem Niveau an Kommunikation abhängig. Bloß guter Wille, schöne Worte und bloßes Nett-Sein führen nicht weit, wenn sie nicht zur Befähigung und Praxis einer wirklichen Kommunikation führen.

---

[62] Friedemann Schulz von Thun: Miteinander reden, Band 1, S. 129 f.

Zu Kommunikation in Politik + Ökonomie

Gerade auch in Hinsicht auf unsere politischen und ökonomischen Verhältnisse ist das Thema Kommunikation von fundamentaler Konsequenz. In gewisser Weise ist die >Ökonomie< menschlich entfremdete Kommunikation und Interaktion.

Die Prinzipien der Menschenrechte und Demokratie fordern, die politischen und ökonomischen Verhältnisse entsprechend der humanevolutionären Entwicklung der menschlichen Anlage auf die persönliche Selbst-Steuerung und auf gemeinschaftliche Kommunikation aufzubauen. Das Prinzip des >Zivilen Ungehorsams< denkt soweit zu passiv. Ungeachtet dessen, was hier im Moment zu verwirklichen ist, muss klar sein, dass Demokratie gemeinschaftliche Kommunikation bedeutet und dass unsere politische Organisation allein darin ihre Legitimation hat, in einen entsprechenden Entwicklungsprozess einzutreten.

Dies hat vielfältige Konsequenzen. Bei dem bestehenden Schul-System ist Kommunikation als ein Unterrichts-Fach aufzunehmen und auch ein kommunikatives Prinzip der Selbstbestimmung der Schüler bzgl. des Lernens anzulegen.

Es betrifft etwa auch die Besitz-Verhältnisse an Boden usw. Allerdings ist hier nicht der Ort, sämtliche Bereiche dieser Thematik anzusprechen, geschweige denn auszuführen.

Einen Entwurf, auf was eine demokratisch-kommunikative Kultur auf die Dauer hinauslaufen könnte, hat die Werkstatt Neue Kultur unter dem Titel >**Telotopia**< herausgebracht.

Doch s. auch Folgendes >>

„Wie es dabei in uns aussieht, wie wir uns persönlich und in den Beziehungen miteinander fühlen, gilt als irrelevant, als reine Privatsache. Am besten funktionieren wir, wenn wir uns überhaupt so weit abzustumpfen oder zu verhärten vermögen, dass uns gar keine gefühlshaften Impulse, keine Sehnsüchte oder Ängste mehr in die Quere kommen. Totale Entemotionalisierung, Kühle und Glätte machen uns am brauchbarsten. Dann >schalten<, „spuren<, >ticken< wir wie technische Apparate, die man störungsfrei bedienen kann.
Zu einem gewissen Teil hat die Psychologie diese Unterdrückung des Psychischen, also die Verleugnung ihrer ureigenen Aufgabe, willig mitvollzogen. Es gibt heute auch schon eine Psychologie ohne Psyche, wo nur äußeres Verhalten in Analogie zu technischen Systemen und Prozesse beschrieben wird. " [63]

„Viele dieser neuartigen Wünsche [nach Beziehung, Nähe, Gemeinschaft/lichkeit usw.] *brechen sich an der Rigidität unserer anachronistischen gesellschaftlichen Strukturen. Deren repressive Mechanismen werden denen am deutlichsten fühlbar, bei denen der Prozess der Transformation der Bedürfnisse bereits weiter fortgeschritten ist. Aber vieles von diesen Mechanismen ist auch verinnerlicht und blockiert als eigener innerer Widerspruch die Impulse der Selbstbefreiung oft bereits vor deren Zusammenprall mit den äußeren Zwängen. Man will sich solidarisieren und muss doch aus unbewusstem Drang rivalisieren. Man will sich den anderen Menschen öffnen – und kann es nicht.* […]*

Ich gehöre indessen zu denen, die diese Unterschätzung der psychischen Dimension nicht nur für objektiv unberechtigt, sondern vor allem auch für einen verhängnisvollen politischen Fehler halten. Und ich stimme hier, wie gesagt, Marcuse *vollkommen zu, dass progressive gesellschaftliche Änderungen nur gestaltet und durchgehalten werden können von Menschen, die sich auch psychisch ändern und mit dieser inneren Umerziehung bereits lange zuvor begonnen haben.* " [64]

---

[63] Horst Eberhard Richter: Zur Psychologie des Friedens, S. 26 f.
[64] Horst Eberhard Richter: Lernziel Solidarität, S. 18 f,, S. 316

90

Kommunikations-Kultur

„[...] unausgedrückte Gefühle verwandeln sich in Gifte, die Leib und Seele von innen her angreifen.“ [65]

„Manche meiner Erlebnisse in der Kommunikation mit anderen bewirkten, dass ich mich weiter, größer, reicher fühlte. Sie haben mein Wachstum beschleunigt. Sehr oft bei diesen Erlebnissen hatte ich das Gefühl, dass der andere ähnlich reagierte, dass auch er sich bereichert fühlte und dass seine Entwicklung und Funktionsfähigkeit vorangetrieben wurden.“
Carl Rogers [66]

„Immer bilden wir im Zusammensein mit anderen entweder polarisierend in defensiver Abwehr oder harmonisierend in polarer Bezogenheit eine sich als dynamische Einheit bewegende und wandelnde gemeinsame Gestalt, die ebenso leiblich wie ein individueller Leib ist: Ausformung des >dritten Leibes<. Dessen Bedeutung für Krankheit und Heilung kann nicht hoch genug eingeschätzt werden.“ [67]

---

[65] Friedemann Schulz von Thun: Miteinander reden, Band 1, S. 86
[66] Carl Rogers: Der neue Mensch, S. 18 f.
[67] Peter Schellenbaum: Nimm Deine Couch und geht! S. 237

Das Erlernen wirklicher Kommunikation erschließt Erfahrungen von menschlicher Nähe, von Verbundenheit – auch mit dem Leben und selbst mit sich selbst (= seinem Selbst).

„Die Wahrheit beginnt zu zweit". Von der neurologischen Struktur der menschlichen Sprach-Anlage bedeutet ein Sich Einlassen auf eine wirkliche Kommunikation ein Durchbrechen des negativen Wechselverhältnisses der Entfremdung zu Anderen und zu sich selbst. Letztlich gilt:

„>Ohne Du ist das Ich unmöglich< [*Buber*]. Nur wenige begreifen, dass jedes Ich beziehungsgeboren ist." [68]

Entsprechend sind wirkliche Gespräche „>Identitätswerkstätten<. Ich erblicke mich im Andern, er spiegelt mich zurück." (ebd.)

Wir sind aufgrund von Sprache in uns selbst ein >dialogisches Wesen<. Ohne Kommunikation verkümmert auch unser Verhältnis zu uns selbst. Eine gute Kommunikation bedeutet eine Erfahrung von Leben und Verlebendigung, weil sie in unserem Reden immer auch unser Verhältnis zu uns selbst (= unserem Selbst) berührt. Von hier erklärt sich mancher *Drang* zu reden, auch wenn die kommunikative Komponente dabei rein projektiver Art ist. Bei wirklicher Kommunikation ist die Erfahrung, frei und offen reden zu können, ebenso beglückend und befreiend (und ggf. regelrecht >therapeutischer Art<), wie ebenso, wenn uns Andere in ihren Mitteilungen einen echten Zugang zu ihnen gewähren. Es ist exakt die Art und Weise, wie Lebens-Qualität entsteht - genau das, woraus auch die humanevolutionäre Entwicklung hervorging.

Es wäre jedoch ein Irrtum, dies *allein* von Zweisamkeit erwarten zu wollen. Ohne eine zureichende persönliche und kommunikative Basis funktioniert auch das >Zwiegespräch< (Moeller) nicht. Doch kann das >Zwiegespräch< eine große Bedeutung haben, kommunikative Störungen zu überwinden.

---

[68] Michael Lukas Moeller: Die Wahrheit beginnt zu zweit, S. 273

Zwei Beispiele aus unserem GFK-Kontext

von Andreas Poggel

Die Methodik der >Gewaltfreien Kommunikation< führt in unserer kommunikativen Praxis bei Problemen immer wieder zu den entscheidenden Lösungsansätzen oder auch zu einer menschlichen Begegnung und Annäherung. Dies soll hier anhand zweier authentischer Geschichten illustriert werden.

I.

Bei einer GFK-Sitzung begann ein Teilnehmer mit der Aussage: „Ich habe das Bedürfnis, dass mein Sohn endlich auszieht!"

Nach den Einsichten der GFK handelt es sich dabei aber in dieser Form nicht um das eigentliche Bedürfnis, sondern lediglich um eine Vorstellung davon, auf diese Weise sein Bedürfnis erfüllen zu können. Es ist jedoch für eine wirkliche Lösung von Bedeutung, das eigentliche Bedürfnis zu klären, und so begannen wir damit im gemeinsamen Gespräch.

Dabei schälte sich nach und nach heraus, dass er sich in seiner Fürsorge für seinen Sohn von der inzwischen entstandenen Situation überstrapaziert fühlte. Er wünschte sich >Raum für sich selbst<. Die Formulierung >Fürsorge für sich selbst< löste bei ihm Entspannung aus. Er war sichtlich berührt und auch beeindruckt, wieder eine positive Energie zu spüren.

Später erzählte er mir, dass es in ihm sehr gearbeitet hat. Offenbar ist ihm sein Konflikt zwischen seiner Fürsorge zu seinem Sohn und seinen eigenen Bedürfnissen so deutlich geworden, dass ihm dies die Möglichkeit zur Kommunikation mit seinem Sohn eröffnete. Vorher hatte er dies nicht hinreichend geklärt bekommen. So fühlte er sich hilflos und zuletzt nur noch Wut und Ärger.

93

II.

Eine Frau einer GFK-Gruppe war in ihrer Kindheit sexuell schwer missbraucht worden. Nachdem ihr diese Erfahrung weit später bewusst wurde, sah sich nunmehr damit konfrontiert, dass sich andere überfordert fühlten, wenn sie darüber zu reden begann. So kam für sie nun das Problem hinzu, dass sie sich auch sozial isoliert und verletzt fühlte.

Eine Erfahrung auf der professionellen Ebene hatte ihr neuen Mut gemacht, dass sie nun das Bedürfnis empfand, in der privat und geschlossen fortgeführten GFK-Gruppe ihre Thematik einzubringen. Nachdem sie mit ein, zwei Personen aus der Gruppe im direkten Einzelkontakt eine positive Erfahrung gemacht hatte, wollte sie das Thema auch auf der Gruppen-Ebene einbringen.

Als eine Teilnehmerin davon hörte, bekam diese Befürchtungen, davon emotional überfordert zu werden. Darüber aber nicht sprechen zu können, hätte die Frau mit dem Missbrauch in ihren schwierigen Erfahrungen getroffen.

Da jedoch alle gewisse Erfahrungen mit der GFK mitbrachten, gelang es in einer vorsichtigen Annäherung an die Empfindungen und Bedürfnisse aller, über den Konflikt hinaus und in Kommunikation zu kommen. Beide Betroffenen fühlten sich im Ergebnis ernst genommen und verstanden. Als in dieser Hinsicht sowie die Lösung gelang, entstand eine tief emotionale Berührung, wo sich die Beiden weinend in den Armen lagen.

Aus einer Studie über die Teilnehmer-Erfahrungen einer quali-
fiziert angeleiteten Kommunikations-Gruppe:

„Hier die fünf am häufigsten gegebenen Antworten:

1. Das Entdecken und Akzeptieren mir früher unannehmbarer Teile meiner selbst (positive wie negative);
2. sagen zu können, was mich gestört hat, anstatt es für mich zu behalten;
3. dass andere Gruppenmitglieder mir ehrlich sagen, was sie von mir halten;
4. zu lernen, wie ich meine Gefühle äußern kann;
5. zu lernen, dass ich die letzte Verantwortung dafür tragen muss, wie ich mein Leben lebe, gleichgültig, wie viel Rat und Unterstützung ich von anderen bekomme." [69]

Neue und interessante Impulse an Kommunikation und Verhalten ergeben sich bei gemeinsamen >**Urlauben**< in der Natur. Hier aus einem Bericht eines solchen Experiments, das speziell in Bezug auf das Geschlechter-Verhältnis ausgerichtet war:

„Dave: >[...] Aber nachdem wir alles zusammen gelebt, ge- schrien, Fisch gefangen und Stürme überstanden haben, seid ihr alle für mich schön. Ich bin irgendwie verwirrt darüber, dass ich das vorher nicht gesehen habe.
Wisst ihr, die Frauen, mit denen ich jeden Tag zusammenar- beite, kommunizieren nie mit mir so, wie ihr es getan habt, und auch haben wir nie irgendwelche Abenteuer des >wirkli- chen Lebens< geteilt. Es ist alles ein einziges Plustern und Aufblasen, Arbeit und Flirt, Krach und Hetze [...].<" [70]

---

[69] aus: Friedemann Schulz von Thun: Miteinander reden I, S. 143
[70] aus: Aaron Kipnis & Elizabeth Herron: Wilder Frieden. Das Experiment einer neuen Partnerschaft zwischen Frauen und Männern. S. 241

Zu den Ansätzen und Angeboten der WNK bzgl. von Kommunikation

Wie erwähnt, halten wir eine Befähigung zu Kommunikation für einen entscheidenden Schlüssel bzgl. Persönlichkeit, ein gutes Sozial- und Beziehungsleben und für die Entwicklung einer historisch Neuen Kultur. In diesem Sinne möchten wir einige Versuche starten und bieten dafür auch Treffen, Seminare und Kurse an.

Grundsätzliches

Bislang besteht die WNK lediglich aus zwei festen Mitarbeitern, die zudem ihr Geld jenseits der WNK verdienen. Unsere Zielsetzung hierbei ist, einige Impulse zur Entwicklung der Neuen Kultur (z.B. jenseits von Kapitalismus) zu bieten. Insofern ist die WNK insgesamt nicht-kommerziell ausgerichtet. Doch um professioneller arbeiten zu können, kommen auch wir nicht umhin, für *einige* Angebote Honorar zu nehmen.

Wir sind an einer Entwicklung der WNK interessiert, wollen aber offen sehen, was hier für uns Sinn macht. Entsprechend der Neuen Kultur behalten wir uns die Freiheit bzgl. des Engagements vor. Als >Hans Dampf in allen Gassen< verstehen wir uns nicht.

Wir sind jedoch an Netzwerk-Verbindungen und einer Zusammenarbeit mit Profis, Einrichtungen, Projekten und Initiativen zwecks Ausweitung unserer Ansätze und Angebote interessiert. Fürs erste kann auch die eine oder andere begrenzte Zusammenarbeit Sinn machen.

Angebote der WNK zu (Gewaltfreier) Kommunikation

Das Standard-Angebot

- Seminar Einführung in die GFK (Ganztag, Wochenende)
- Seminar Vertiefung zur GFK (Wochenende)
- Kursreihe Übungsgruppe GFK (z.B. 6 Abendtermine)

S. zu etwaigen Terminen und Weiterem auf unserer Homepage unter → Angebote.

Einige Veranstaltungen finden jenseits weiterer Öffentlichkeit auf Anfrage statt. Einzelpersonen können uns ihr Interesse an Angeboten mitteilen – wir informieren dann, wenn entsprechende Seminare usw. stattfinden. Darüber hinaus stehen wir auch für Projekte und Gruppen als Referenten zur Verfügung.

Anfragen bzgl. **GFK** (und **Mediation**) an **Andreas Poggel**, bzgl. **inhaltlicher (diskursiver) Auseinandersetzungen** an **Christoph Rosenthal** (s. unsere Homepage).

Wir regen an, **selbst organisierte Gruppen zu Kommunikation** und/oder **Neuer Kultur** zu bilden (z.B. als Freundeskreis oder in einem sozialen Kontext). Dabei können wir als >Starthilfe< dienen und stehen nach unseren Möglichkeiten im Weiteren als Unterstützung zur Verfügung (Mediation bei Konflikten, Weiterbildung, Supervision). Konditionen nach Absprache.

An Weiterentwicklungen bzgl. Kommunikation denken wir etwa an:

- Kommunikation (GFK) im **Geschlechter-Verhältnis**
  (bislang bestehen im Geschlechterverhältnis oft unterschiedliche Zugänge zu Kommunikation)
- Kommunikation bzgl. des Geschlechter-Verhältnisses
- Kommunikation bzgl. **Sexualität**

- **Begegnungsgruppen** (etwa nach C. Rogers: Encounter)
  Die früheren Ansätze von Encounter sind hier in D zumeist entgleist. Unser Ansatz geht von der GFK aus. Nach der Grundlegung bestimmt und entwickelt die Gruppe selbst per Kommunikation, was man an Begegnung wünscht, z.b. auch >>

- **Biographie, Zeit- und Familiengeschichte**
  - über die eigene Biographie (ggf. mit zeitgeschichtlichen Kontexten); familiäre Vorgeschichte

- Kommunikation in **sozialen u. kulturellen Konfliktfeldern**
  (Religion, Politisches usw. Hier wäre jedoch konkret zu sehen, ob und was wir hier leisten können. Insgesamt ist dies noch ein Gebiet an Zukunftsmusik).

- Gewaltfreie **Interaktion** (Erweiterung der GFK mit Methoden der Theater-Arbeit; dies setzt jedoch eine gute Basis an Kommunikation voraus)

- Kommunikation und **nicht-sprachliche Meditation**
  Die nicht-sprachliche Meditation, wie sie u.a. im **Zen** geübt wird, ist gut dazu geeignet, unsere >innere Wortmaschine< zu begreifen, der wir auch in Sachen Kommunikation leicht zum Opfer fallen.

Wir verstehen unsere Arbeit zu Kommunikation nicht nur individualpsychologisch, sondern auch als Grundlage für soziale Kontexte und zur Entwicklung der Neuen Kultur.

98

Anregung zum Aufbau eines Netzwerkes

von **Kommunikations-Gruppen** und ggf. einer Organisation bzgl. einer Kommunikations-Kultur

Uns erscheint die Entwicklung einer Art sozialer Bewegung bzgl. einer echten Kommunikations-Kultur als wünschenswert. Mit einem Netzwerk können ein höheres Niveau erreicht und weitere Kontexte entwickelt werden, u.a. auch für Personen, die in ihrer Umgebung keine (passenden) Möglichkeiten finden. Ggf. macht es auch Sinn, für solch ein Netzwerk eine gewisse institutionelle Form zu schaffen (Homepage, Bundes- und regionale Treffen).

Zum einen können solche Treff-Möglichkeiten eine bessere Chance zu einer Weiterentwicklung in der kommunikativen Praxis schaffen. Zum anderen könnten solche Treffen erfreuliche Möglichkeiten zu Begegnungen auf einem höheren kommunikativen Niveau sein.

Diese Idee geht von dem Ansatz der Selbst-Organisation aus. Es muss auch andere Kontexte als Lehrer-Schüler-Angebote geben, sonst bleibt die Entwicklung der Kommunikations-Kultur auf der Strecke. Allerdings ist hierbei auch ein gut strukturierter Zugang nötig, um nicht in die Problematik von **Über-** und **Unterforderungen** zu geraten, die sich gegenseitig behindert.

Es widerspricht dem Ansatz der Selbst-Organisation nicht, hier und dort professionelle Angebote einzubeziehen – nur ginge die Initiative dazu insgesamt von >unten< aus.

Wir werden diesen Vorschlag hier und da einreichen. Interessenten melden sich bitte bei der WNK.

Zitierte Literatur

Emmanuel **Anati**: Höhlenmalerei, (1997), Düsseldorf 2002

Wolf Graf von **Baudissin**: „Nie wieder Sieg!", Programmatische Schriften 1951-1981, hg. von Cornelia **Bürhle** und Claus von **Rosen**, München 1982

Sylvia & Paul F. **Botheroyd**: Lexikon der keltischen Mythologie, München 1999

Emma **Brunner-Traut** (Hg.): Altägyptische Märchen (Diederichs Märchen der Weltliteratur), Reinbek 1991, 1993

Bill **Bryson**: Eine kurze Geschichte der alltäglichen Dinge, (Original London 2010) Goldmann Verlag München 2011

Keith **Dowman**: Geheimes, heiliges Tibet – Ein Führer zu den Mysterien des verbotenen Landes, Kreuzlingen, München 2000

Mircea **Eliade**: Geschichte der religiösen Ideen, Freiburg, Basel, Wien, Band I: (1978). 1990^6, Band II 1979

Brian **Fagan**: Die Eiszeit – Leben und Überleben im letzten großen Klimawandel, Theiss Verlag Stuttgart, 2009

Moshé **Feldenkrais**: Bewusstheit durch Bewegung. Der Aufrechte Gang, Frankfurt/M 1968, TB: 1978, 1985

GEO Wissen: Die Evolution des Menschen. Wie wir wurden, was wir sind. Heft September 1998, Hamburg 1998

Harald **Haarmann**: Weltgeschichte der Sprache – Von der Frühzeit des Menschen bis zur Gegenwart. Verlag C.H. Beck, München, 2006

Aaron **Kipnis** & Elizabeth **Herron**: Wilder Frieden. Das Experiment einer neuen Partnerschaft zwischen Frauen und Männern, Frankfurt/M 1995

Wighart von **Koenigswald** & Joachim **Hahn**: Jagdtiere und Jäger der Eiszeit, Fossilien und Bildwerke, Stuttgart 1981

Martin **Kuckenburg**: Wer sprach das erste Wort? Die Entstehung von Sprache und Schrift. Konrad Theiss Verlag Stuttgart 2004

Roger **Lewin**: Spuren der Menschwerdung. Die Evolution des Homo sapiens, Heidelberg 1992

Aljoscha **Long** & Ronald **Schweppe**: Praxisbuch NLP. Südwest-Verlag München 2014, 2. Auflage 2016

John **McCrone**: Als der Affe sprechen lernte. Die Entwicklung des menschlichen Bewusstseins, Frankfurt/M 1992

Michael Lukas **Moeller**: Die Wahrheit beginnt zu zweit. rororo Reinbek 1992, 34. Auflage 2014

Michael Lukas **Moeller**: Die Liebe ist das Kind der Freiheit; rororo, Reinbek bei Hamburg, 1990, 16. Aufl. 2008 (Rowohlt 1986)

Michael Lukas **Moeller**: Gelegenheit macht Liebe. Glücksbedingungen in der Partnerschaft. Rowohlt, rororo, Reinbek bei Hamburg 2000

Michael Lukas **Moeller**: Worte der Liebe, Erotische Zwiegespräche – Ein Elixier für Paare, rororo, Reinbek bei Hamburg, (1996) 1998, 10. Auflage 2011

Hans-Peter **Nolting**: Lernschritte zur Gewaltlosigkeit. Reinbek 1981

Horst Eberhard **Richter**: Lernziel Solidarität (1974), Reinbek 1979, 1982

Horst Eberhard **Richter**: Zur Psychologie des Friedens, (1982) Reinbek 1984

Berthold **Riese** (Hg.): Schrift und Sprache (Verständliche Forschung), Heidelberg, Berlin, Oxford, 1994

Carl R. **Rogers**: Entwicklung der Persönlichkeit (Original 1961), Klett-Cotta, Stuttgart 1973, 20. Auflage 2016

Carl R. **Rogers**: Der neue Mensch, Klett-Cotta, Stuttgart, 5. Auflage 1993

Carl R. **Rogers** & Rachel L. **Rosenberg**: Die Person als Mittelpunkt der Wirklichkeit (Or. 1977), Klett-Cotta, Stuttgart (1980), 3. Auflage 2016

Marshall B. **Rosenberg**: Gewaltfreie Kommunikation, Eine Sprache des Lebens, Junfermann-Verlag Paderborn, 2001, 8. Auflage 2009

Marshall B. **Rosenberg** & Gabriele **Seils**: Konflikte lösen durch Gewaltfreie Kommunikation. Herder Verlag Freiburg, Basel, Wien 2004

Christoph W. **Rosenthal** → S. 99

Mario **Ruspoli**: Die Höhlenmalerei von Lascaux, Auf den Spuren des frühen Menschen, Augsburg, 1998

Oliver **Sacks**: Der Mann, der seine Frau mit einem Hut verwechselte, Rowohlt Taschenbuch Verlag, Reinbek bei Hamburg 1990 (1994

Saeculum Weltgeschichte, hg. von Herbert Franke u.a., Freiburg, Basel, Wien 1965

Peter **Schellenbaum**: Nimm deine Couch und geh! Heilung mit Spontanritualen, (1992), München 1994, 1995[2]

Wolfgang **Schmidbauer**: Wie Gruppen uns verändern – Selbsterfahrung, Therapie und Supervision, Kösel-Verlag München, 1982

Friedemann **Schulz von Thun**: Miteinander Reden (Band 1), Rowohlt Taschenbuch-Verlag, Reinbek bei HH, 1981 (52. Auflage 2015)

Manfred **Spitzer**: Lernen: Gehirnforschung und die Schule des Lebens, Spektrum Akademischer Verlag Heidelberg – Berlin, (2002), korrigierter Nachdruck 2003

Literatur von Christoph W. Rosenthal

zu Humanevolution, Geschichte und Sprache

- **Die Humanevolution war ganz anders** – Eine überfällige Revision, Remscheid, 2018. (Version 1.1 März 2019)

- **Zur Evolution von Selbststeuerung, Liebe, Kommunikation & Kultur**, Januar 2021

- **Kulturologie** - Die Wissenschaft bzgl. der Software-Struktur des Menschen. Remscheid 2023

- **Die kopernikanische Wende unseres Weltgeschichts-Bildes**, Remscheid, 2018 (Version 1.2 Januar 2023)

- **Die Mesolithische Revolution** – die Begründung der historischen Entwicklung. Rediroma; Januar 2021

- **Cûl Tura**: Die Entzifferung und Rekonstruktion der ursprünglichen Sprache des Menschen. 2021
  Band 1: Die ursprüngliche Sprache des Homo sapiens
  Band 2: Zur Etymologie unserer Wörter

- **Mebuntu**: Die erste historische Sprachform. 2021

- **Was *eigentlich* Sprache ist**. Zur Evolution von Sprache und der historischen >babylonischen Sprachverwirrung, Mai 2023

usw.

www.christoph-w-rosenthal.de

Edition Neue Kultur

Materialien zu Geschichte und der Neuen Kultur.
Ein Label der **Werkstatt Neue Kultur**

Telotopia

Hrsg. Christoph W. Rosenthal & Andreas Poggel

Telotopia ist ein kulturarchitektonisches Modell einer sozial stabilen & gerechten, ökologisch nachhaltigen, kulturreichen und wünschenswerten Kultur der Zukunft.

Verschiedene Fassungen und Ausstattungen

WNK-Schriften

- Sprache beherrschen
- Kommunikation
- Was ist >Neue Kultur<?   (in Vorbereitung)

Weitere Materialien in Vorbereitung

www.edition-neue-kultur.de